Wicca

La autora

Thea es editora profesional, escritora y especialista de la Internet. Desde su adolescencia ha practicado la wicca. En la universidad cofundó renuentemente una organización de estudiantes wiccan-pagana y ecléctica. Después de una serie de obstáculos debido a sus creencias, decidió continuar su práctica en forma "clandestina" y pasó la siguiente década trabajando con un grupo privado de mujeres. Cuando el grupo se disolvió, buscó instrucción formal en un camino tradicional británico, y con el tiempo fue iniciada y ascendida al tercer grado en esa tradición. Actualmente, ella y su esposo dirigen una congregación tradicional británica en el brumoso Pacífico Noroeste de los Estados Unidos.

Thea ha escrito para numerosas publicaciones paganas y no paganas, y sirvió de editora y columnista de astrología para un periódico pagano de gran circulación. Cuando no está en frente de un computador escribiendo, ella practica tai chi y ve malas películas de gángsters de Hong Kong (pero no al mismo tiempo).

WICCA

filosofía y práctica de la magia luminosa

THEA SABIN

Traducido al idioma Español por
Héctor Ramírez • Edgar Rojas

Llewellyn Español
Woodbury, Minnesota

PRIMERA EDICIÓN
primera impresión 2006

Coordinación y Edición: Edgar Rojas
Imagen de la Portada: © Digital Stock
Ilustraciones interiores: Departamento de Arte de Llewellyn
Título Original: *Wicca for Beginners*
Traducción al Español: Héctor Ramírez • Edgar Rojas

Biblioteca del Congreso. Información sobre esta publicación (Pendiente).
Library of Congress Cataloging-in-Publication Data (Pending).

13-ISBN 978-0-7387-0996-3
10-ISBN 0-7387-0996-4

Llewellyn Español
Una división de Llewellyn Worldwide, Ltd.
2143 Wooddale Drive, Dep. 0-7387-0996-4
Woodbury, MN 55125, U.S.A.
www.llewellynespanol.com

Impreso en los Estados Unidos de América

Contenido

AGRADECIMIENTOS

Quiero agradecer a mi abuela, quien siempre creyó que yo escribiría un libro, y finalmente lo hice. Ella creía que el pensamiento positivo podía lograr cualquier cosa; que el pan hecho en casa y la mermelada de fresa eran unos de los tesoros más valiosos de la vida; que la astrología nos muestra el patrón de nuestro máximo potencial; que está bien hacer una trampa al jugar solitario; que las hadas y Harvey el conejo se llevaron sus gafas y un pastel de chocolate entero; y en atemorizar las niñas leyéndoles a oscuras acerca de las arañas gigantes de Mirkwood Forest mientras iluminaba su cara en sombras espectrales con una linterna sostenida bajo su barbilla.

Agradezco a otros místicos y chamanes que han tenido una profunda influencia en mí y mi camino espiritual —Shekinah, Otto, Eran, Akasha, Dot, Helga, Mary, Pajaro, Abuela M., Sylvana, Melanie Fire Salamander, Bestia, Star, Tom, Alicia y Grace—. Cada uno de ustedes me ha dado obsequios maravillosos, sean o no conscientes de ello. Mi amor y aprecio para todos ustedes.

Doy gracias a mis conejillos de Indias —miembros de la congregación—, quienes me enseñan mucho más de lo que yo les enseño.

Quiero agradecer a Pam por inspiración, jeans bajos, rituales vudú y drag queens desdentados. Todos deberían tener la fortuna de contar con un amigo como tu.

Y lo más importante, quiero agradecer a mi marido, un científico, hombre Zen y sacerdote cuya vida es un estudio del arte de ser racionalmente irracional y encontrar lo espiritual en lo mundano. Vivió conmigo mientras escribí este libro, y todavía me ama de todos modos. Por sólo eso él sería un wicca santo, si tuviéramos santos. Te amo, cariño. Corta madera, carga agua.

CAPÍTULO UNO

¿QUÉ ES WICCA?

Recientemente mi esposo y yo fuimos a un café a reunirnos con un hombre que estaba interesado en ser miembro de nuestro grupo de estudio de wicca. Al igual que muchos practicantes de wicca que dirigen grupos de enseñanza, siempre arreglamos que nuestro primer encuentro con un interesado —alguien que busca su camino espiritual— sea en un lugar público, por la seguridad y comodidad de todos. Durante el té, le preguntamos a la persona cuál es su interés en el conocimiento de la wicca. Hacemos esta pregunta a todos los que nos hablan acerca de la instrucción. Si nos dicen que están buscando una religión basada en la naturaleza, un camino de poder personal, una forma de comunicarse con la divinidad, o algo similar, continuamos la conversación. Si nos dicen que quieren embrujar a sus ex amantes, preparar calderones llenos de sustancias tóxicas, hacer que otros se enamoren de ellos, adorar al diablo o volar en escobas, les decimos que están en el sitio equivocado y de manera cortés sugerimos que busquen un terapeuta.

Cuando le hicimos la pregunta a esta persona, nos dijo que él había buscado información acerca de la wicca en libros y en la Internet, había asistido a rituales de wicca públicos, y visitado librerías metafísicas, pero había tanta información disponible sobre el tema, que no estaba seguro de qué era wicca y qué no. Tampoco sabía cómo separar la parte espiritual del resto. Como él lo dijo: "sé que hay una religión ahí en algún lugar", y decidió buscar un maestro que le ayudara a aclarar sus dudas.

Fue fácil entender por qué estaba confundido. Durante los últimos años, wicca y magia han invadido la escena cultural popular norteamericana. Hemos estado viendo *Bewitched* (Hechizada) por un buen tiempo, pero *Sabrina the Teenage Witch* (Sabrina la bruja adolescente), las películas de Harry Potter, *The Lord of the Rings* (El señor de los anillos), *Charmed* (Encantada), y *Buffy the Vampire Slayer* (Buffy la cazavampiros), han incitado una nueva ola de interesados, a pesar de que la mayoría de estos programas tienen muy poco que ver con la verdadera wicca. Esto ha llegado hasta el punto de que alguien ha inventado el término "generation hex" (generación hechicera) para todos los adolescentes y jóvenes en sus veintes que han sido dirigidos a la wicca por el actual bombardeo mágico de los medios. En el mercado literario hay más libros sobre la wicca que nunca antes, y más de 6.000 sitios en la Internet relacionados con el tema. Hay programas de radio enfocados en wicca, organizaciones wiccas e iglesias certificadas wiccas por el gobierno. Incluso hay Barbie de hechizos secretos, con traje resplandeciente, calderón y poder "mágico". Bueno, técnicamente ella no es wicca, pero definitivamente contribuye a la confusión.

Con toda esta repentina popularidad, se podría pensar que la wicca y la magia finalmente han entrado en la cultura popular. Para bien o para mal, esto no es cierto. La superabundancia de medios que divulgan la wicca sólo ha transmitido ideas más falsas, confusas y contradictorias respecto a lo que es la wicca. Aunque es probable que más que nunca hayan personas familiarizadas con la palabra "wicca", no hay una imagen coherente y precisa de su verdadero significado en la cultura popular. Gracias a las películas y televisión, los wicca quizás han cambiado su imagen de cara verde con el sombrero puntiagudo, al de mujeres sexy con anillos en el ombligo y vestidas con ropa ligera que ayudan a otros con sus "poderes". Pero esta no es la representación precisa (hay muchos hombres practicantes de wicca, entre otras cosas), y esto no es un progreso.

Incluso los wicca a veces se confunden respecto a lo que es wicca. Al interior de su comunidad hay mucha discusión (y está bien discutir) acerca de lo que caracteriza a un wicca. Aquí no voy a discutir ese aspecto, más bien, quiero que este libro le dé un entendimiento amplio de la wicca para que decida cuál verdad es aceptada por usted.

Para el propósito de este libro, las siguientes son algunas definiciones:

- Un wicca es una persona que sigue la religión/camino espiritual wicca y ha recibido una iniciación wicca, o se ha declarado wicca formal o ritualmente.
- Algunos practicantes de wicca usan las palabras "wicca" y "hechicero" intercambiablemente, pero hay hechiceros que no se consideran wicca. Los wicca son un subgrupo de hechiceros.
- Los wicca y hechiceros son subgrupos de un grupo más grande: paganos. Los paganos son practicantes de religiones basadas en la tierra. La mayoría de wiccas y hechiceros se consideran paganos, pero no todos los paganos son wiccas o hechiceros. Los cristianos a veces llaman pagano a cualquiera que no sea cristiano, judío o musulmán, pero no seguimos esa definición.
- En este libro, cuando uso el término "hechicería", me refiero a lo que hacen los wiccas y hechiceros: rituales religiosos y hechizos. Empleo el término "wicca" para referirme a la religión en sí.

Entonces, ¿qué es wicca? Hay muchas respuestas para esta pregunta. Las siguientes son unas de las más aceptadas.

Wicca es una "nueva y antigua" religión

La wicca es una religión nueva que combina tradiciones populares y elementos más modernos. Está basada en ritos y rituales del Oeste europeo que han sido realizados por siglos —antes, durante y después de la época de Jesús—, tales como la reverencia a la naturaleza, observancia del ciclo de las estaciones, celebración de la cosecha, y realizar magia. Parte de la estructura de estos antiguos ritos todavía sobrevive en la wicca, pero muchos de los fundamentos de la religión y sus prácticas son más modernos. Parte de la estructura de la religión es extraída de los grimoires (libros de magia) medievales, organizaciones esotéricas tales como el Golden Dawn, y técnicas que los wiccas de hoy adoptan porque se ajustan a sus propósitos o situación.

La wicca es una religión viva y en evolución. No es el mismo tipo de hechicería que usted lee en la mayoría de libros de historia, pero las historias de las dos están entrelazadas. La hechicería, en una u otra forma, probablemente ha existido desde la existencia del hombre. Desde luego que es mencionada en la literatura clásica, como en las historias de Medea y Circe, y por supuesto en documentos de la incipiente iglesia cristiana. Uno de los más antiguos y famosos documentos de la iglesia acerca de la hechicería es el *Canon Episcopi*, que tuvo un impacto profundo y duradero sobre la filosofía de los cristianos hacia la hechicería y el paganismo. Fue incorporado en la ley canónica en el siglo XII, pero se cree que es mucho más antiguo (posiblemente se originó hacia el año 906 d. de C.). El *Canon* decía, esencialmente, que la hechicería era una ilusión que se originaba en los sueños, y creer en ella era herejía o iba en contra de las enseñanzas de la iglesia. Una sección famosa del *Canon* dice:

> Ciertas mujeres abandonadas, pervertidas por Satanás, seducidas por ilusiones de fantasmas de demonios, creen y profesan abiertamente que, en el profundo silencio de la noche, andan sobre ciertas bestias con la diosa pagana Diana, con una innumerable horda de mujeres, y en el silencio de la noche recorren grandes espacios de tierra, y obedecen sus órdenes como su señora . . . pero esto estaría bien si sólo ellas perecieran en su infidelidad y no atrajeran a tantos otros junto con ellas al abismo de su deslealtad. Porque una innumerable multitud, engañada por esta falsa opinión, cree que esto es cierto, y creyéndolo, se aleja de la fe correcta y recae en errores paganos al pensar que hay alguna divinidad o fuerza diferentes del único Dios.[1]

La idea de que creer en la hechicería y el paganismo era herejía persistió hasta el reinado del papa Inocencio VIII, quien publicó *Summis desiderantes affectibus*, una bula papal que daba marcha atrás al *Canon* y decía que la hechicería *existía* y que realizarla era herejía. Aunque antes de *Summis desiderantes affectibus* habían sido hechas varias cartas eclesiásticas abogando por posiciones que daban marcha atrás al *Canon Episcopi*, la nueva bula fue más efectiva porque se publicó en 1484, en la época del invento de

1. *Canon Episcopi*, en Rosemary Ellen Guiley, *The Encyclopedia of Witches and Witchcraft* (New York: Facts on File, 1989), p. 52.

la prensa de imprenta, y fue adjuntado como un prefijo del ampliamente distribuido *Malleus Maleficarum*, el infame manual sobre encontrar, torturar y procesar posibles hechiceras, que fue escrito por los inquisidores dominicos Heinrich Kramer y Jacob Sprenger.

Esta bula despejó el camino para la inquisición, la cacería de brujas europea, y las muertes de miles de personas acusadas de la herejía de la hechicería. Y junto con el *Malleus*, ayudó a solidificar, codificar y diseminar varias de las ideas que llegaron a ser asociadas estrechamente con la hechicería medieval. Éstas incluían la idea de que los hechiceros hacían un pacto con el diablo (a menudo solemnizado besando su trasero, algo que no haría ningún digno wicca). Por lo tanto, esto hizo que las consecuencias de la hechicería fueran mucho más graves que antes, y así surgió la cacería de brujas.

Los ritos precristianos eran considerados superstición en el mejor de los casos, y hechicería o adoración al diablo en el peor de los casos, y así, como la hechicería era ahora formalmente considerada una herejía por la iglesia, las personas acusadas de realizar ritos paganos fueron procesadas. Durante la persecución de brujas, muchas tradiciones paganas precristianas europeas desaparecieron, adoptaron una apariencia católica o continuaron clandestinamente. Parte de esto habría ocurrido incluso sin las persecuciones, pues las tradiciones rara vez permanecen completamente intactas durante miles de años. Sin embargo, sobrevivieron grupos de práctica pagana y vestigios de las "viejas costumbres". Vemos restos de algunas de ellas actualmente en tradiciones como la mojiganga y danza de cintas en Inglaterra.

Por un lado, esta historia de la hechicería y la iglesia no tiene nada que ver con la wicca. La "hechicería satánica" que la iglesia persiguió, si alguna vez existió, era una herejía cristiana que incluía un pacto con el diablo, magia negra, sacrificio humano y otras atrocidades. Los practicantes de wicca no creen en Satanás, la wicca no es una herejía cristiana (es en sí una religión), y sus seguidores ven la magia negra y el sacrificio humano tan detestables como las ve cualquier otra persona. Por otra parte, es doble el impacto que la historia de la hechicería satánica tiene sobre la wicca. Primero, la iglesia equiparó incluso las benévolas prácticas paganas precristianas, que son una raíz de la wicca moderna, con la hechicería satánica. Segundo, actualmente muchas personas siguen creyendo que la hechicería satánica y el paganismo son lo mismo.

En 1921, la doctora Margaret Murray escribió *The Witch-Cult in Western Europe* (Brujería en Europa Occidental), en el que formuló la hipótesis de que la hechicería medieval en realidad no era una herejía cristiana, sino un culto de fertilidad pagano organizado que había sobrevivido, razonablemente intacto, hasta la Edad Media. Su teoría tuvo gran encanto romántico, pero ella no tenía pruebas. Su libro dio a entender que los hechiceros medievales eran mucho más organizados de lo que pudieron haber sido, sin tener teléfonos, autos e internet, o incluso un lenguaje común (la jerga de los plebeyos a menudo era diferente de la de los nobles), y que había más consistencia entre "congregaciones" de hechiceros que lo que los historiadores creían anteriormente. A través de los años, la mayoría de las teorías de Murray han sido desacreditadas, y la consistencia entre relatos de la hechicería medieval se ha atribuido más al impacto del *Malleus Maleficarum* que a la supervivencia de un culto pagano intacto. Si muchos de los inquisidores que juzgaron hechiceros y guardaron registros de procesos actuaron de acuerdo al mismo manual, por decirlo así, era probable que obtuvieran los mismos resultados. Pero no obstante las fantasiosas ideas de Murray acerca de la hechicería, tuvieron un efecto duradero sobre lo que sería la wicca moderna, y varias de ellas persisten hasta hoy.

En 1951, la última ley de hechicería fue revocada en Inglaterra, lo cual liberó a Gerald Brosseau Gardner para que escribiera *Witchcraft Today* (Brujería de hoy), publicado en 1954, y *The Meaning of Witchcraft* (El significado de brujería), publicado en 1959 —dos libros de literatura no novelesca que tendrían un enorme impacto en la religión wicca—. Gardner era un empleado de servicio civil oficial británico, quien nació a finales del siglo XIX y vivió en el extranjero la mayor parte de la primera mitad de su vida, trabajando en Ceilán, Borneo y Malasia. Estudió culturas extranjeras y se convirtió en un experto en el kris, un cuchillo ritual malasio. Cuando regresó a Inglaterra, buscó otros que estuvieran interesados en las enseñanzas esotéricas, y su búsqueda lo llevó a un teatro rosacruz dirigido por un grupo llamado la hermandad de Crotona. Gardner no estaba muy impresionado con el teatro o la hermandad, pero había un pequeño grupo de participantes que le fascinó. Estas personas luego le dieron confianza a Gardner y le dijeron que eran hechiceros y lo habían conocido en una vida anterior. Gardner afirmó que a través de ellos fue iniciado y se convirtió en hechicero.

Gardner estaba muy interesado en asegurar que la wicca sobreviviera. Sin embargo, muchos de los practicantes que conoció eran mayores de edad, y los jóvenes no estaban atraídos por la wicca en ese tiempo, por eso se preocupó de que desapareciera. Preguntó a su gran sacerdotisa si podía escribir un libro sobre hechicería para despertar un nuevo interés. Inicialmente ella no le permitió hacerlo, pero después dejó que escribiera una obra con ideas de hechicería, llamado *High Magic's Aid* (Ayuda de la magia superior). Posteriormente Gardner dejó esa congregación, inició la suya, y escribió *Witchcraft Today* y *The Meaning of Witchcraft.*

Aquí es importante señalar que hubo y hay otro tipo de hechicero moderno, a menudo llamado "fam trad", que es una abreviatura de "family tradition" (tradición familiar). Las tradiciones familiares son las que han sido transmitidas, intactas o en forma fragmentaria, a través de las generaciones, y algunas de ellas afirman tener raíces que se remontan a la persecución de brujas medieval o antes. La mayoría de ellas no dice que la hechicería era un culto pagano organizado, como lo sugería Margaret Murray; más bien, que consiste en gran parte en magia popular familiar y tradiciones.

La mayoría de hechiceras de tradición familiar no se llaman a sí mismas wiccanas, y su práctica es a menudo muy distinta de lo que consideramos wicca norteamericana. En realidad, cuando apareció en el escenario la tradición de Gerald Gardner, fueron estas hechiceras las que con desdoro la llamaron tradición "gardneriana". Consideraban inferior la wicca de Gardner porque no tenía una larga historia (o una historia verificable) y porque Gardner, en su deseo de preservar la wicca, fue algo agresivo publicitariamente. Sin embargo, el nombre prevaleció, y finalmente perdió sus connotaciones negativas. Todavía hay muchos gardnerianos wicca, y gran parte de la wicca actual desciende del trabajo de Gardner o es inspirada por este —incluyendo la palabra wicca, que él no inventó, pero popularizó—.

Gardner creía al menos parte de la teoría de Margaret Murray que decía que la hechicería era una religión pagana sobreviviente (incluso Murray escribió la introducción para *Witchcraft Today*). Él afirmaba que los rituales y hechizos que le habían dado sus maestros eran fragmentarios —que con el tiempo se habían perdido partes—, y que tomó los fragmentos y los unió, adoptando cosas de otras fuentes esotéricas para llenar los espacios. Estos rituales reconstruidos todavía son usados por practicantes de wicca gardnerianos. Ya sea que él mismo haya o no iniciado en una tradición existente, los rituales que pasó, aunque posiblemente conteniendo antiguo material de "hechicería", no eran una tradición intacta con anterioridad a la persecución de brujas. (Esto no impidió que de vez en cuando le hiciera creer a la prensa que lo eran, de ahí la desconfianza que le tenían los hechiceros de la tradición familiar). Sin importar de dónde provenga realmente, la wicca de Gardner se convirtió en la raíz, fuente e inspiración para la mayoría de tradiciones wicca que poseemos en la actualidad.

En las décadas de 1960 y 1970, la wicca gardneriana, la wicca alejandrina (una tradición que es muy similar a la gardneriana) y otras tradiciones wicca y de hechicería, pasaron del Reino Unido a los Estados Unidos. Aquí encontraron suelo fértil, echaron raíces, crecieron, y brotaron varias tradiciones nuevas que fueron ramificaciones directas de las tradiciones familiares británicas, o inspiradas por ellas.

El movimiento feminista de estas dos décadas también dejó su marca en la wicca. Durante esta época, cuando las mujeres norteamericanas estaban descubriendo y probando su poder, acogieron la wicca (y también algunos hombres) debido a su adoración de la Diosa y lo femenino divino, algo que añoraban pero no encontraron en otra parte. Mientras la wicca de la época de Gardner honraba al Dios y la Diosa relativamente del mismo modo, durante este tiempo la Diosa se volvió más importante en la práctica de muchos wicca, y algunos dejaron por completo la adoración del Dios. Otras mujeres iniciaron grupos de wicca "diánicos", que recibieron este nombre por la diosa Diana y estaban conformados sólo por mujeres (o en su mayor parte, en algunos casos).

Alimentada en parte por el movimiento feminista y en parte por una vieja ingeniosidad, la wicca ecléctica empezó a ser popular en los Estados Unidos durante los años setentas y ochentas, y es probablemente el subgrupo más grande de la wicca actualmente. Los wiccas eclécticos crean sus propios rituales y prácticas uniendo materiales de muchas fuentes. Una amiga mía ecléctica la llama afectuosamente wicca "de carro de supermercado", porque se equipara con mover un carro a lo largo de los corredores en el supermercado mientras que se escoge de los estantes sólo las cosas que ella quiere, le gusta o puede usar. De este modo, los wiccas eclécticos pueden personalizar su práctica de acuerdo a sus propias necesidades y creencias. Con el ascenso de la wicca ecléctica, la wicca en realidad se convirtió en una religión "nueva y antigua".

Wicca es una religión basada en la tierra

El sendero wicca está basado en la tierra en lugar del cielo. Mientras practicantes de muchas de las religiones del mundo se centran en lo que les sucederá después de morir, la wicca se enfoca en participar del ciclo de la vida, el aquí y ahora. Como lo dice una de mis maestras, la wicca no trata de "salir de la rueda". Ella se refiere a la "rueda del año", un término utilizado para describir el ciclo de las estaciones a través de sus ocho principales fiestas de wicca, o "sabbats". Los wiccas creen que participan activamente en girar la rueda —en la naturaleza, esencialmente—, mientras practicantes de otras religiones tratan de trascenderla. La wicca celebra todo lo que la naturaleza, la tierra y el cuerpo físico ofrecen: la experiencia de la vida, el amor, el sexo, e incluso muerte.

Gran parte del simbolismo de la religión wicca se basa en imágenes de la naturaleza y la tierra. La wicca trabaja con los cuatro elementos naturales: tierra, aire, agua y fuego. Aquí se ve el sol como un símbolo de su dios, y la luna como un símbolo de su diosa. Ellos celebran la renovación de la tierra cada primavera, y su receso cada invierno. Lo más importante, se esfuerzan por estar en armonía con la naturaleza y sus cambios, y "caminan con cuidado" sobre la madre tierra. Muchos son ambientalistas o vegetarianos debido a su reverencia por la tierra, pero si olvidan celebrar el día de la Tierra o si almuerzan con una hamburguesa, no serán rechazados del club wicca.

La wicca es experimental

La wicca es una religión experimental. Esto significa que la forma en que se relaciona con la vida de un individuo es fuertemente influenciada por sus experiencias. No existe una iglesia wicca, y no existe una Biblia, Tora o Corán wicca para compendiar las creencias, reglas y enseñanzas de la religión. La wicca se aprende viviéndola. Su experiencia le dirá lo que es cierto, lo que funciona para usted y lo que cree. Seguimos este camino como científicos, probando cosas y cambiando nuestras creencias de acuerdo a los resultados.

Una vez que haya experimentado algo, lo "posee", es parte de usted, y lo entiende en un nivel que no podría comprender con sólo leer acerca de ello. Es como lanzarse en paracaidas. Puede imaginar lo que es saltar de un avión —sentir el viento golpeando su cuerpo, mirar la tierra acercándose rápidamente hacia usted—, pero hasta que lo haga en realidad, no sabrá qué se siente. Todavía no ha integrado el paracaidismo a su repertorio personal de experiencias. Lo mismo pasa con la religión wicca, hasta que no realice ritos o trate de hacer un hechizo, no tendrá un marco de referencia. Puede leer libros como este y suponer cómo sería, pero no será un wicca hasta que haga algo wicca. La nuestra es una religión en la que las acciones realmente hablan más fuerte y con mayor poder que las palabras.

¿Eso significa que los wiccanos no aprenden cosas de libros? Todo lo contrario. Muchos practicantes llevan un "libro de las sombras", una colección de hechizos y rituales, y conozco algunos que salen corriendo a comprar libros de wicca recién publicados en lugar de comestibles en el día de pago. Pero los libros de wicca no nos dicen cómo pensar, creer o comportarnos. Nos dan inspiración y una estructura para nuestra propia experimentación con la religión.

Wicca es una tradición de misterios

Hay ciertas experiencias espirituales que son casi imposibles de expresar en palabras. Muchas de ellas tienen que ver con temas importantes como la muerte, el amor, la divinidad y el nacimiento —cosas que son centrales en nuestra existencia como humanos y sin embargo ultramundanas al mismo tiempo—. Si ha tenido un momento trascendente en el que simplemente supo que la divinidad era real o se sintió particularmente conectado con el cosmos, como si cada parte de su ser fuera parte de él, probablemente ha experimentado los misterios. Las religiones de misterios son las que crean un marco o un lugar de reunión donde las personas pueden tener una experiencia inmediata de la realidad de lo divino. Estos senderos enseñan que hay cosas que están fuera del alcance de nuestros cinco sentidos, pero son partes integrales de nosotros que podemos tocar directamente, aunque el método sea diferente para cada persona.

Cada religión tiene sus propios misterios, o revelaciones. Algunos de los misterios de la wicca —por ejemplo, la interacción entre el Dios y la Diosa— son reflejados en nuestros ritos de sabbat. Al participar en estos ritos, "representamos" lo que está sucediendo en un nivel cósmico, ya sea el cambio de estaciones, la unión del Dios y la Diosa, o cualquier otro de los varios misterios de la wicca, y para ese momento estamos alineados con los dioses. Uno de los mejores ejemplos históricos no wicca de lo anterior son los misterios de Eleusis, los antiguos ritos de Deméter y Perséfone que se mantuvieron durante miles de años en Eleusis en Grecia. En cierta época del año, muchos griegos hacían la peregrinación a Eleusis, se purificaban en el mar y participaban en los ritos, que incluían revelaciones y enseñanzas secretas y activadores para experiencias místicas. Una vez que "veían" y experimentaban los misterios de los ritos, no se les permitía revelarlos a otros. Había muchas razones para esto: ningún individuo experimentaba los ritos del mismo modo. Decirle a alguien lo que eran los ritos con anticipación, distorsionaría y posiblemente arruinaría la experiencia, y por tal razón el secreto mantenía los ritos sagrados y protegidos —aparte de la vida cotidiana e intactos para generaciones venideras—. El castigo por revelar los misterios era severo y esta amenaza parece haber funcionado, porque hasta hoy nadie sabe el contenido exacto de los rituales. El secreto murió con los participantes.

Algunos misterios de la wicca se revelan durante las meditaciones o los sueños. Otros llegan en un momento "¡ajá!" cuando un practicante ha seguido el camino por un tiempo, y de repente surgen enseñanzas importantes. Como dije, la experiencia es diferente para cada persona. Pero la wicca, con su enfoque en los ciclos naturales y el énfasis en la meditación y capacidades psíquicas, brinda muchas oportunidades para descubrir los misterios de lo divino y el cosmos.

Wicca es chamanismo europeo

Una de las mejores formas en que he oído describir wicca es que es chamanismo europeo. En Estados Unidos, estamos acostumbrados a oír historias de chamanes nativos americanos que hacen magia y curan en sus tribus, pero la gente de descendencia europea también tiene una tradición chamanística: la hechicería. El historiador Mircea Eliade, en su libro clásico de 1964 *Shamanism: Archaic Techniques of Ecstasy* (Chamanismo: Técnicas arcaícas de éxtasis), define la palabra chamán como una persona que entra en un estado alterado de conciencia a fin de hacer un viaje espiritual para conseguir información, curar, crear magia, predecir el futuro o comunicarse con los muertos. Un chamán es más que un curandero o un mago, aunque a menudo es estas dos cosas; un chamán también puede ser un sacerdote, místico y 'psicopomp' (una persona que puede moverse de un lado a otro entre los mundos de los vivos y los muertos).

El concepto del árbol del mundo existe en una u otra forma en culturas a través del globo. El árbol del mundo es un símbolo para la conexión entre los reinos espirituales y la tierra. Las raíces del árbol yacen en el inframundo, el tronco es el mundo material humano, y las ramas y hojas son el cielo o los reinos celestiales. El árbol puede ser "real" o una metáfora. El chamán sube y baja por el árbol del mundo y entre los reinos espiritual y terrenal a fin de realizar sus tareas para la tribu o grupo. Los chamanes usan muchas técnicas para "viajar" por el árbol del mundo, incluyendo el trance, cambio de forma y magia.

Según Eliade, una persona puede nacer chamán o hacerse chamán a través de una "crisis chamánica" o una ceremonia de iniciación. Los niños nacidos con rasgos especiales —como una marca de nacimiento, ciertas incapacidades, o habilidades inusuales— eran considerados posibles chamanes en muchas culturas. La idea era que si una persona, por algún tipo de atributo físico, era suficientemente distinta del resto del grupo o tribu, podía por naturaleza "ver" y experimentar cosas que otros no podían, y por lo tanto era más apto para viajar entre mundos. Esto tiene sentido; los ciegos perciben su entorno de manera distinta que las personas que ven, y el mundo para alguien en silla de ruedas es diferente que para una persona que puede caminar.

Un chamán podría "hacerse" si había pasado por una crisis chamánica —un suceso tan traumático, que cambió su vida irrevocablemente—. La crisis chamánica podría llegar naturalmente, por ejemplo, a través de una enfermedad grave o una experiencia cercana a la muerte. También podría ser inducida externamente por una ceremonia o prueba de iniciación.

La wicca incorpora muchas de estas ideas. A los practicantes se les enseña a estar sintonizados con sus capacidades psíquicas. Se dice que el círculo mágico, el espacio sagrado wicca, está "entre los mundos", y ellos "viajan" entre los mundos para encontrarse con los dioses, conseguir información y curar. Los wiccas a menudo entran en estados extáticos o de trance para hacer magia o comunicarse con lo divino. Muchos tienen experiencias alteradoras de la vida que los conducen al sendero wicca, y sus grupos frecuentemente inician a nuevos miembros en una ceremonia simbólica de muerte y renacimiento destinada a generar una minicrisis chamánica y un cambio en la perspectiva del iniciado.

Este enfoque de muerte y renacimiento puede parecer espantoso, y francamente, a veces lo es, pero no es negativo, oscuro o malo. Está destinado a estimularnos a superar nuestros temores, conectarnos con nuestro poder, y hacernos responsables de nuestros caminos espirituales, lo cual es difícil si nada en la vida nos ha retado.

Wicca es un sistema mágico

Por último, pero no menos importante, la wicca es un sistema mágico. Hay más de un tipo de magia. Hay magia cotidiana, en la que hacemos hechizos para cosas como encontrar un nuevo empleo o proteger nuestra casa. En la wicca se hacen este tipo de magia todo el tiempo, pero también hay una clase de magia que usamos para manifestar nuestro poder personal y divinidad. En esencia, es trabajar con nuestra voluntad para encontrar el propósito en la vida y alinearnos con nuestro yo superior. Hablaremos más de la voluntad en el capítulo 2 y de magia en el capítulo 11, pero por ahora, lo que debe saber es que la wicca es una estructura para trabajar estos dos tipos de magia.

Como puede ver, hay muchas interpretaciones de la wicca. Ahora que ha leído el material filosófico y sabe algo de lo que es la wicca (o lo que otros creen que es), está listo para explorar en el capítulo 2 lo que en realidad creen sus practicantes. Pero hay algo importante que aprender de este capítulo antes de seguir adelante: si decide seguir este camino, su experiencia wicca puede ser pagana, experimental, chamanística, mística, mágica o todas o ninguna de las anteriores, pero ciertamente será suya. La wicca, desde cualquier perspectiva, es un camino de poder y crecimiento personal. Como muchas cosas en la vida, la wicca es lo que usted haga de ella. La alegría —y el reto— es descubrir lo que hará de usted.

CAPÍTULO DOS

ALGUNOS PRINCIPIOS BÁSICOS Y ÉTICOS DE LA WICCA

Uno de mis maestros ha comentado con frecuencia que la wicca es una religión con demasiada teología (estudio de la naturaleza de Dios) y ningún dogma (reglas impuestas por los líderes religiosos). Muchas personas practican la wicca porque son almas independientes y no desean que se les diga qué pensar o creer. La wicca brinda un suelo fértil y bastante espacio para la creatividad e independencia espiritual. Aunque la comunidad wicca es muy diversa y se está diversificando cada vez más, hay principios comunes que comparten la mayoría de sus seguidores. Este capítulo cubrirá siete de estos principios comunes y también un código de ética básico.

Antes de empezar, la siguiente es una lista de cosas que los wicca no hacen o creen. Puede parecer ridículo que incluya algunas de ellas, pero todas están aquí porque unos wicca, en algún momento, han tenido que explicar que no son ciertas. Así, para el registro, wicca no es:

Satánica o anticristiana. Como se mencionó en la sección "nueva y antigua" religión del capítulo 1, la wicca no es lo mismo que la hechicería satánica. La wicca no cree en Satanás. Satanás es parte de la religión cristiana, y el satanismo es una herejía cristiana. Contrario a los conceptos de Hollywood, sus practicantes no llevan a cabo sacrificios de animales o de humanos, ni pervierten la misa católica. La wicca no odia a los cristianos, ni trata de hacerles daño a ellos o a su fe. Sin embargo, desean que los cristianos dejen de tocar en sus puertas con la intención de convertirlos a su religión, lo cual me conduce a . . .

Proselitismo. Los practicantes de la wicca no tratan de convertir a otros a sus creencias, no van a los colegios o escuelas a seducir adolescentes vulnerables lavándoles el cerebro en cultos secretos, no van de puerta en puerta tratando de convencer a otros de que su religión es la correcta. Sus practicantes saben que personas en culturas de todo el mundo, durante toda la historia de la humanidad —incluyendo cristianos, musulmanes, judíos, ba'hai, budistas, paganos y otros— han sido asesinadas por sus creencias religiosas o forzadas a adoptar la fe de alguien más, y muchos ven el proselitismo como una continuación de esta intimidación y coerción. Ellos saben que hay más de un camino hacia Dios, y que cada persona debe encontrar su propia espiritualidad (o no, si así lo prefiere). También creen que si las personas están destinadas a seguir el camino wicca, lo encontrarán sin que alguien las convierta. Saben que quienes encuentran el camino por su propia voluntad, lo valoran más que si los hubieran "convencido" a convertirse en wicca.

Dualista. Como verá más adelante en el principio 1 de la wicca, esta creencia incorpora bastante simbolismo de dualidad y polaridad. Sin embargo, aunque algunas religiones ven las dualidades como antagónicas, como Dios y Satanás, por ejemplo, la wicca los ve como un par de opuestos, o dos partes de un todo. La mentalidad de "blanco y negro", "bueno absoluto o malo absoluto", no tiene lugar en la wicca. La wicca ve muchos matices de gris. ¡Esto no significa que no poseen ética! Vea en la sección de ética al final de este capítulo para expandir este concepto.

Exclusiva. No hay nada en la wicca que estipule que usted no puede practicar más de una religión o adorar más de un dios o serie de dioses.

Una forma de obtener poder sobre otros. La wicca es una forma de construir nuestro propio poder. ¿No es eso más importante?

Sólo acerca de magia. Si está explorando la wicca sólo para aprender magia, no pierda su tiempo. La wicca es una religión, y usted no la necesita para hacer magia. La magia existe fuera de la religión. La wicca brinda uno de muchos caminos para la práctica mágica, pero la magia no es su tema central. Algunos practicantes de wicca no realizan magia en lo absoluto.

Una costumbre de moda con grandes trajes. Pantalones de vinilo negros y lápiz labial que hacen juego, una nariguera con un pentagrama, un tatuaje vagamente amenazante y el más reciente CD de música rock melancólico, no convierten en wicca a una persona. Muchos de sus seguidores son atraídos por el adorno corporal inusual (el negro es adelgazamiento, el brillo es alegría, y los tatuajes son buenas excusas para conversar), pero introducirse a la wicca porque está de moda o para asustar o llamar la atención del jefe, los padres o los vecinos, trivializa la religión, y ahora que estamos hablando de modas y tendencias, Goth y wicca no son lo mismo. La wicca tiene afinidad con Goth porque explora e incluso abraza la muerte y los aspectos más oscuros de la espiritualidad, y hay muchos wicca Goth, pero usted puede ser wicca si está usando 'Armani', 'Hot Topic', 'Salvation Army', o nada en lo absoluto.

Una excusa para abuso sexual. La wicca no tiene que ver con usar el sexo para manipular a otros o abusar sexualmente a los niños. La wicca encuentra estas cosas tan aborrecibles como cualquier otra persona. El abuso de niños no es aceptable, y no es seguido en el sendero wicca. Es cierto que sus practicantes tienden a ser bastante abiertos respecto al sexo (vea el principio 7 wicca), pero por ser francos sobre la sexualidad, e incluso celebrarla, la mayoría de congregaciones no acepta estudiantes menores de veintiún años. No es conveniente incluir un niño o adolescente en rituales que contienen simbolismo sexual. Dicho eso, si alguien le informa que el sexo se considera como pago por la instrucción wicca, huya de inmediato. Ese individuo es un acosador sexual, no un wicca.

La siguiente es una lista de siete cosas básicas en las que creen muchos wicca.

Principio 1 wicca: La divinidad se convierte en polaridad

Muchos practicantes creen que sólo hay una gran fuerza divina, que llaman "espíritu", "el todo", "lo divino", o simplemente "divinidad", que da vida al universo, y trasciende género, espacio y tiempo. También creen, al igual que practicantes de muchas de las religiones del mundo, que la divinidad en su totalidad es muy grande y abstracta para ser comprendida en su totalidad por los humanos. En la maravillosa serie de entrevistas *Power of Myth* (Poder del mito), que Bill Moyers condujo con Joseph Campbell, la principal autoridad del siglo XX en mitología, Campbell resumió lo siguiente: "Dios es un pensamiento, un nombre, una idea. Pero su referencia es para algo que trasciende todas las cosas. El misterio último del ser está más allá de todas las categorías del pensamiento".[1]

La wicca cree que la divinidad se separa (o la separamos) en facetas —o aspectos— con las que los humanos pueden relacionarse. La primera "división" de la divinidad

1. Joseph Campbell, *The Power of Myth*, DVD (Apostrophe S Productions, 1988). Distribución más reciente por Mystic Fire Video.

es en sus mitades masculina y femenina. En las entrevistas de *Power of Myth*, Campbell describe una bella representación de esta idea: la máscara de la eternidad en la caverna de Shiva en Elephanta, India. La máscara consiste en una cara central que mira hacia el frente y una cara mirando a cada lado. Campbell explica que las caras izquierda y derecha de la máscara significan la primera división de la divinidad y que "cada vez que uno sale de lo trascendente [divinidad], entra en un campo de opuestos. Éstos . . . salen como masculino y femenino de los dos lados".[2] Así, dividiéndose en aspectos, la divinidad entra al campo del tiempo, que es donde existen los humanos. Campbell continúa: "Todo en el campo es doble. El pasado y el futuro; muerto y vivo; ser y no ser".[3]

Eso es muy apasionante, pero la interpretación wicca de la misma idea es bastante sencilla. Los dos aspectos principales con los que trabajan los wicca —masculino y femenino— son simplemente llamados el Dios y la Diosa. El Dios y la Diosa wicca representan yang y yin, positivo y negativo, luz y oscuridad. Debido a que son dos mitades del mismo todo, están aparte pero nunca realmente separadas; están conectadas por su polaridad. Ninguna existe sin la otra. La polaridad —la relación— entre el Dios y la Diosa es una dinámica central y sagrada de la wicca.

---

2. Campbell, *The Power of Myth*. DVD.

3. Ibíd.

Principio 2: La divinidad es inmanente

En wicca se cree que la divinidad, la fuerza vital descrita en el principio 1, es inmanente, o inherente en todas las personas y cosas. Está en la catedral más grande y en el grano de arena más pequeño. Esto no es lo mismo que la idea animista de que una catedral o un grano de arena tienen conciencia propia; más bien, hay una fuerza sagrada que infunde todo, y esa fuerza es la divinidad o parte de ella. La divinidad también está en cada individuo, sin importar su religión. Debido a que es inmanente en todos, cada persona es parte de lo divino.

Principio 3: La tierra es divina

En wicca se cree que la tierra es una manifestación de la divinidad. Es una parte tangible de lo divino, especialmente de la Diosa, que da origen a todas las cosas y las recibe de nuevo en la muerte. Por lo tanto, todo lugar en la tierra es un espacio sagrado. Aunque usted puede afirmar que unos sitios son más sagrados que otros, la wicca cree que hay un poco de lo divino en cada rincón de la tierra, por eso se sintonizan y trabajan con las energías terrestres. Esto significa entender el ciclo de las estaciones, participando en estos ciclos a través de rituales y contacto con la tierra, y viviendo dentro del flujo de la energía natural de la tierra en lugar de ir en contra de ella.

La máxima experiencia religiosa para muchas personas es trascender lo mundano, la tierra, e ir a un lugar superior. Puede ser un "sitio", como el cielo cristiano, o un lugar interior, como cuando uno encuentra la iluminación o nirvana. Aunque muchos wicca creen que hay un sitio especial al que van después de morir, y un gran número de ellos cree en "otro mundo" o "inframundo", la mayor parte de su práctica se centra en el aquí y ahora, en el planeta tierra. Por ejemplo, los rituales wicca a menudo imitan los cambios estacionales, e incluyen árboles, hierbas y rocas en rituales y magia.

También se cree que una parte significativa del camino espiritual es cuidar la tierra, ya sea por acciones cotidianas tales como reciclar, esfuerzos mayores tales como trabajar por causas ambientales, o muchas cosas intermedias. Esto no es un requisito de la wicca, pero muchos lo hacen porque fluye naturalmente de la creencia de que la tierra es divina.

Principio 4: Poder psíquico

La religión wicca estipula que las capacidades psíquicas existen, que funcionan, y que cada persona nace con sus propios dones psíquicos. Si cada persona es infundida con la misma fuerza divina, al igual que la tierra y todo lo que nos rodea, debemos aprovechar esa fuerza para obtener información y hacer cosas más allá de las esferas de los cinco sentidos. Sabemos que muchas cosas que encontramos en la naturaleza ocurren en patrones, como la concha espiral del nautilo y los patrones de hojas y ramas de muchos árboles, cuya geometría se relaciona con la proporción dorada. (Los griegos, entre otros, hicieron un gran uso de la geometría sagrada y la proporción dorada al construir sus templos —trabajando en concierto con la naturaleza—). En wicca se cree que además de estos fenómenos naturales bien documentados, hay otros patrones menos verificables científicamente en la naturaleza y en los reinos espirituales, y trabajan para comprender y usar esos patrones.

Las capacidades psíquicas ayudan en muchos aspectos, como agudizar la intuición, la adivinación (por ejemplo, leer cartas astrológicas o cartas del tarot), y percibir cosas que la ciencia todavía no puede explicar, como los espíritus de los muertos o la presencia de los dioses. Al igual que otros talentos, las capacidades psíquicas pueden ser agudizadas, y la wicca ayuda a aprovechar estos dones. Una de las formas más obvias pero importantes en las que la wicca hace esto, es simplemente enseñándonos que las capacidades psíquicas son reales. Después de todo, es difícil usar algo que no creemos que exista. Sus practicantes también fortalecen sus capacidades psíquicas con la práctica, realizan meditación, magia, adivinación y rituales, y todo esto requiere el fortalecimiento de los músculos psíquicos. En los próximos capítulos veremos más a fondo, algunas de esas prácticas.

Principio 5: Magia

Para la religión wicca, la magia es real, funciona, y puede usarse para mejorar la vida y ayudar en los viajes espirituales de sus practicantes. Por magia, no me refiero a sacar conejos de sombreros, convertir al hermano menor en sapo, o embrujar a la ex novia. Me refiero a algo más cercano a la definición de magia dada por Aleister Crowley, el famoso (e infame) mago del siglo XX, en su igualmente famoso libro *Magick in Theory and Practice* (Magia en teoría y práctica). Magia es "la ciencia y el arte de hacer que ocurra un cambio en conformidad con la voluntad".[4]

La magia, como capacidad psíquica, depende del conocimiento de los patrones del cosmos. Pero mientras usar la capacidad psíquica significa sintonizarse con esos patrones y comprenderlos, la magia significa trabajar con ellos para producir un cambio deseado. La filosofía de la magia regresa de nuevo a la idea de que todo está infundido con lo divino. Si todas las cosas contienen energía divina, podemos usar esa energía para influir en las cosas que no parecen tener —para los cinco sentidos que conocemos— conexión con nosotros. Esta idea es resumida ingeniosamente en la introducción a *Magick in Theory and Practice*, que abre con la siguiente cita de *The Goetia of the Lemegeton of King Solomon*, un grimoire mágico, o libro de hechizos:

> La magia es el conocimiento más elevado, absoluto y divino de la filosofía natural, avanzada en sus obras y operaciones por un correcto entendimiento de la virtud interior y oculta de las cosas, de modo que agentes verdaderos aplicados a pacientes apropiados, producirán efectos extraños y admirables. Por eso los magos son buscadores profundos y diligentes en la naturaleza; ellos, debido a su capacidad, saben cómo prever un efecto, que para el vulgo parecerá un milagro.[5]

---

4 Aleister Crowley, *Magick in Theory and Practice* (New York: Magickal Childe Publishing, 1990), p. xii.

5 Ibíd., p. ix

Como con la capacidad psíquica, una de las formas en las que la wicca ayuda a las personas a desarrollar habilidades mágicas, es simplemente permitiéndoles que crean que la magia es posible. Otra manera es enseñando que cada persona debe encontrar su propio camino y brújula moral —nuestra voluntad mágica—. La magia es una herramienta de poder y crecimiento personal. La wicca usa la magia todo el tiempo para cosas mundanas, como curar, pero su propósito fundamental trasciende lo mundano.

Principio 6: Reencarnación

Aunque la mayoría de sus practicantes le dirán que creen en la reencarnación —el regreso del alma a la tierra en un nuevo cuerpo o forma después de la muerte—, sus puntos de vista varían mucho respecto a lo que eso significa. Algunos simplemente creen que almas renacen en nuevos cuerpos, y otros piensan que nuestra esencia se "recicla" después de que el cuerpo muere, y se convierte en energía cósmica. Incluso algunos creen que todos compartimos un alma, y que ésta experimenta las muchas posibilidades de la vida estando en todos nuestros cuerpos al mismo tiempo.

Gerald Gardner, el "abuelo" de la wicca que mencioné en el capítulo 1, creía firmemente en la reencarnación. Parte de la razón por la que fue acusado de haber puesto mucho énfasis en la publicidad en su época, fue que estaba tratando de incitar el interés en la wicca para que la práctica no desapareciera y él tuviera una familia wicca para renacer. Este enfoque en la reencarnación es en parte consecuencia de lo que llamé principio 3 wicca, que la tierra es divina. Como ya hemos visto, la wicca se enfoca en la tierra y en el aquí y ahora. Entonces, es natural que sus seguidores crean que la muerte no es el fin de sus existencias, y que van a regresar de alguna forma, algún día.

Principio 7: El sexo es sagrado

En la wicca, el sexo, la unión física de dos personas, es un acto sagrado que trae alegría y maravillas, no vergüenza y culpa. El sexo es apreciado y venerado. La sexualidad es considerada un don de los dioses, un placer y responsabilidad que viene con un cuerpo físico, y una manifestación de la polaridad del Dios y la Diosa y la fertilidad de la tierra.

Hay mucho simbolismo sexual en la wicca. Los sabbats —las fiestas wicca— incluyen historias de la unión del Dios y la Diosa. El cáliz y el athame (cuchillo ritual) en el altar wicca representan los órganos reproductivos femeninos y masculinos, entre otras cosas, y el enfoque de la wicca en los ciclos de la naturaleza da énfasis a la fertilidad de la tierra y su gente.

¿La prevalencia del simbolismo del Dios y la Diosa y la fertilidad significa que el homosexualismo es prohibido en la wicca, porque no involucra a un hombre y una mujer? ¡Definitivamente no! La polaridad es expresada cada vez que dos adultos se unen con consentimiento mutuo para hacer el amor, y el homosexualismo disfruta tanto la humanidad terrenal como el sexo heterosexual.

¿Tener sexo sagrado significa que en la wicca se llevan a cabo orgías ceremoniales? Ese no es el punto del sexo sagrado en la religión. Entender el lado espiritual del sexo libera a algunas personas de las restricciones de la sociedad respecto al sexo, por eso es más probable que experimenten con múltiples parejas (lo cual difícilmente es una orgía). Pero la idea de que el sexo es sagrado también significa que debe ser tratado con reverencia, lo cual permite a la wicca enfocar las relaciones sexuales con mayor cuidado y respeto, y no como algo mundano. Una curandera de unos ochenta años de edad del centro de México lo dice de la siguiente forma: "Eres sagrado; tu cuerpo es sagrado; tu vagina es sagrada; tu pene es sagrado. No pones algo que no es sagrado en tu cuerpo sagrado, y no pones tu cuerpo sagrado en algo que no es sagrado". No encuentro una mejor forma de decirlo.

Si no le agrada la idea del sexo como sagrado o de simbolismo sexual, probablemente la wicca no es el camino para usted. Eso puede sonar fuerte, especialmente en los Estados Unidos, donde nos enseñan que podemos ser lo que queremos ser. Pero la verdad es que la wicca nos reta; no está destinada a ser cómoda o estática. No cambiamos cuando no somos retados a hacerlo, y gran parte de la wicca tiene que ver con el cambio y el poder personal que viene al acogerlo. La idea de que el sexo es sagrado es sólo una de las muchas formas en que la wicca podría desafiar algunas normas sociales comúnmente aceptadas.

Ética y poder personal

Como puede haber entendido, los practicantes de la wicca son muy independientes. Entonces, no debería sorprenderle que no haya una autoridad centralizada que determine la ética wicca. La ética se refiere esencialmente a principios de buena conducta: normas del comportamiento correcto. La ética o moral de la mayoría de religiones se deriva de la cultura en la que la religión se desarrolló, de las instituciones religiosas (si las hay) que se desarrollaron dentro de la religión, y de los libros sagrados y enseñanzas de la religión. Por ejemplo, el cristianismo tiene sus diez mandamientos, que según la Biblia vinieron de Dios a la humanidad por vía de Moisés.

Sin embargo, en la wicca, no hay mandatos donde se estipule que "no harás" determinadas cosas. No hay un libro, una figura religiosa o arbusto en llamas que establezca qué es y no es ético, y qué les sucederá si cometen errores. Una de las cosas que otorga poder, y a la vez es aterradora, en la wicca, es que el practicante debe determinar qué ética seguir para sí mismo.

¿Esto significa que la wicca es libre para todos, donde las personas hacen lo que quieren, cuando quieren y con quien quieren, sin consecuencias o restricciones? ¿Significa que no hay pautas éticas? No, y la siguiente sección trata todo esto.

La rede wicca

Aunque no hay nadie que les diga lo que deben hacer, muchos de sus practicantes siguen un principio de ética llamado rede wicca, que estipula: "Haz lo que quieras mientras no hagas daño a nadie". Esta es como una "regla de oro" wicca.

A primera vista, la rede parece decir, "haz lo que quieras, pero no hagas daño a nada ni a nadie". Esto es magnífico, en principio; piense antes de actuar: no embruje a ese molesto vendedor que lo llama por teléfono, y trate de andar en este mundo haciendo el menor daño posible. Muchas personas que interpretan la rede de esa forma se estancan en la palabra "daño". Visite los archivos de cualquier lista de correos electrónicos wicca y encontrará una discusión de la rede donde los participantes llevan el significado de esa palabra al extremo, intentando definir con exactitud lo que constituye el daño. Esta conversación suele llegar a lugares ridículos: "¿Hice daño a alguien cuando conseguí mi nuevo empleo porque esto significó que él o ella no lo consiguió?" "¿Perjudiqué a mi amiga cuando no le comenté sobre la venta con el cincuenta por ciento de descuento en Victoria's Secret?" "¿Hice daño cuando aplasté esa araña grande en mi bañera?"

Aunque este puede ser un interesante ejercicio filosófico, no viene al caso. Después de todo, si queremos llegar hasta ese punto, todo, por su mera existencia, perjudica a algo más. Tratar de no hacer daño a nada hasta el punto de ascetismo —abnegación como una medida de la espiritualidad—, anula la esencia de la wicca, que celebra la vida en lugar de tratar de controlarla. En realidad, "no hacer daño a nadie" también significa que tampoco debe perjudicarse a sí mismo, e imponer esta rígida moralidad en su vida difícilmente es algo sano. Si no hace daño a nadie, pero tampoco vive su vida, todavía no está cumpliendo la rede. La buena noticia es que la parte importante de la rede —el verdadero poder— no es la palabra "daño"; es la palabra "voluntad".

El "deseo" y la "voluntad"

Su "deseo" es, naturalmente, lo que quiere. Quiere un auto nuevo, una cita con Cameron Díaz o un tarro de crema de helado de Ben and Jerry's. El deseo tiene que ver con cosas terrenales, triviales e importantes. Sin embargo, su voluntad es la fuerza que lo impulsa a su objetivo espiritual último, y trasciende el deseo. Es a lo que Joseph Campbell se refiere cuando dice, "sigue tu felicidad". La "felicidad" de Campbell es el conocimiento interior que nos coloca en el camino de la vida que nos conducirá a nuestro mayor propósito mundano y espiritual. En la versión impresa de *The Power of Myth*, él dice:

> Si sigue su felicidad, se ubica en un camino que ha estado ahí todo el tiempo, esperándolo, y la vida que debería vivir es la que está viviendo. Cuando ve eso, empieza a conocer personas que están en el campo de su felicidad, y ellas le abren las puertas. Por lo tanto yo digo, siga su felicidad y no tenga miedo, y se abrirán puertas donde no sabía que se encontraban.[6]

6 Joseph Campbell, *The Power of Myth* (New York: Doubleday, 1988), p. 120.

Lo mismo podría decirse cuando se trata de seguir o hacer su voluntad. Como puede ver, es mucho más importante que "haz lo que quieras".

La rede, con su énfasis en la voluntad, lo reta a actuar de acuerdo a su mayor propósito, a infundir su espiritualidad, la que sea, durante toda su vida. Le dice que actúe desde ese lugar espiritual cuando tome decisiones. Cuando actúa de acuerdo con su voluntad, está en armonía con la divinidad. El enfoque de la rede en realidad está en usted, su vida y sus deseos, no en alguien a quien perjudique o no con sus acciones. Todo esto tiene que ver con la responsabilidad personal y el conocimiento de sí mismo, lo cual es atemorizante pero liberador porque usted es responsable de sí mismo. La rede tiene que ver con la ética y el poder personal.

La ley de tres

Debido a que no hay policía de moralidad en la wicca, no hay nadie que determine si sus practicantes han hecho algo bueno o incorrecto, y no hay un lugar cósmico a donde serán enviados si se han portado mal. Sin embargo, esto no significa que estén libres de culpa.

Muchos wicca creen en la "ley de tres", la cual dice esencialmente que lo que haga en el mundo regresará a usted tres veces. Al igual que con la palabra 'daño' en la rede, podría estancarse en el uso de las palabras "tres veces" y discutir si sus actos se devuelven tres veces separadas, o una vez tres veces más fuerte, pero ese no es el punto. La idea es simplemente "semejante atrae semejante". Si manifiesta energía positiva en el universo, viviendo por su propio esquema de ética, tratando de hacer el "bien" para sí mismo y otros, es probable que reciba a cambio ese tipo de energía. Si manifiesta energía negativa, recibirá lo mismo a cambio. La diferencia es que cuando las cosas buenas regresan, hacen que su vida fluya armoniosamente, y cuando las cosas negativas regresan, tienden a venir lenta e inadvertidamente y lo golpean fuertemente en la cabeza.

Esto no quiere decir que hay un banco de energía cósmica en el que deposita actos buenos y malos, y alguien lleva registros para asegurar que sus retiros reflejen lo que consignó. El universo no funciona de esa forma, no hay controladores, así que no tome la ley literalmente ni espere una recompensa o un golpe inmediato en la cabeza por sus acciones. Tampoco tiene control de cómo regresará a usted. Cederle el paso a alguien en una autopista atestada no significa que esa persona hará lo mismo por usted posteriormente.

La rede y la ley de tres juntas

Al juntar la ley y la rede, verá que si actúa con la verdadera voluntad, si está en sincronía con el universo y lo divino, la energía positiva que genera se extiende y afecta todo lo que lo rodea, y es un faro para que otra energía positiva llegue a usted. Este es el lugar que los practicantes tratan de alcanzar.

Asumir la responsabilidad personal es una parte importante de la práctica wicca. Si los practicantes que se adhieren a la rede y la ley actúan erróneamente, o hacen algo reprochable a alguien, saben que atraerán esa energía a su debido momento y lugar. Además, cuando se hiere a otros, también se está hiriendo a sí mismo, incluso si sólo es indirectamente a través de la energía negativa que atraerá. Hacer daño a otras personas lo marca, y la firma energética se pega a usted como un tatuaje. Incluso sabiendo esto, a veces los wicca corren el riesgo y deciden hacer algo "dudoso" éticamente porque creen que al final es para el mayor bien. En ese caso, asumen la responsabilidad de los resultados, y saben que lo que reciben, positivo o negativo, es parcialmente su propia acción. Lo importante es que son los árbitros de su propia ética, tienen la responsabilidad y el poder de elegir sus acciones basados en sus ideales, en lugar de reglas impuestas por alguien más. Esto puede ser algo difícil, pero como dije antes, la wicca no se trata de estar bien todo el tiempo, tiene que ver con dirigir el curso de su propia vida, y eso puede ponerlo en terreno inestable de tiempo en tiempo.

En los siguientes capítulos veremos algunas de las prácticas básicas de la wicca, incluyendo trabajo energético, visualización, trance, meditación y el camino espiritual. Si está considerando experimentar estas habilidades y hacer los ejercicios de los capítulos siguientes, este sería un buen momento para iniciar un diario a fin de registrar sus experiencias. Esto puede ayudarlo a llevar un registro de su progreso y de las percepciones que ha recibido en el proceso.

CAPÍTULO TRES

HERRAMIENTAS FUNDAMENTALES DE LA WICCA:

energía, visualización, descarga y protección

Si ha leído hasta aquí (en lugar de haber saltado hasta esta página), ha asimilado mucho material filosófico acerca de lo que es la wicca y lo que creen sus practicantes. Entender esa información es esencial para comprender sus principios, pero también es importante recordar que la wicca es una religión práctica. Los practicantes no sólo siguen su religión, ellos la exploran, la viven y participan en ella.

Participar activamente en la wicca requiere de unas herramientas o habilidades básicas. La herramienta más fundamental que usted posee como wicca —o simplemente como persona— es su mente. Éste y el siguiente capítulo se enfocarán en la mente para crear el cimiento para aprender lo referente al ritual y la magia. Gran parte de la práctica wicca se centra en entrenar la mente y usarla de nuevas formas. Tal vez las prácticas más esenciales en la wicca son la visualización, la descarga y la protección. Sin embargo, antes de introducirse en ellas, es importante entender un poco sobre la energía.

¿Qué es la energía?

Toda vida está infundida de energía, como Obi Wan Kenobi se refirió a la "fuerza" en la película *Star Wars* (Guerra de las Galaxias) en 1977, "es un campo de energía creado por todas las cosas vivientes, nos rodea y penetra, y une la galaxia". Fácilmente, él pudo estar describiendo lo que en wicca se denomina "energía". Para algunos practicantes, la energía y lo que he estado llamando divinidad son lo mismo: la fuerza vital. Para otros, la divinidad es sensitiva y la energía no. Incluso hay quienes creen que la energía se emana de la divinidad o viene de la Diosa. En varios de sus libros, Scott Cunningham, un famoso autor wicca, dijo que creía que había tres tipos de energía que él llamaba poder. El primero es el poder personal, la energía que es generada por nuestro cuerpo. El segundo es el poder divino, la energía que viene de los dioses. El tercero es el poder terrenal, la energía generada por la tierra. Esta es una forma útil de ver la energía en la wicca, siempre que recuerde que a fin de cuentas los tres tipos de energía son lo mismo, a pesar de que "residen" y son generadas en diferentes fuentes. Sin importar qué punto de vista apoyen, la mayoría de los practicantes creen que todo contiene algún tipo de energía.

La energía es importante en la wicca. Los wicca agudizan su capacidad para sentirla y "leerla" a fin de comprender mejor los ciclos de la naturaleza, sintonizarse con su entorno y obtener información psíquica. También creen que pueden dirigir y usar la energía para producir cambio, lo cual es magia.

Como sucede con tantas cosas en la wicca, debe creer que la energía existe en todas las cosas o al menos tener una mente abierta al respecto si en realidad quiere aprender a sentirla y usarla. Es cierto que podría sentir energía "por accidente", ya sea que crea o no en ella. Si ha entrado a una fiesta y sentido la vibración del grupo, o ha estado en una iglesia muy antigua y percibido el suave tatareo del poder que se ha acumulado ahí durante años de adoración, ha sentido energía. Esto es algo mucho más fácil de lograr si se relaja y se permite sentirla. Los siguientes son ejercicios básicos para iniciar.

Ejercicio 1: mano a mano

Esta es una técnica probada de la "primera experiencia energética". Casi todos los wicca que conozco han usado este ejercicio al menos una vez. Busque un lugar donde pueda sentarse tranquilamente sin ser interrumpido por un rato. Puede ser en el piso, en una silla, afuera o donde sea cómodo para usted. Es importante que se relaje. Siéntese derecho si puede hacerlo mientras está relajado. He descubierto que mi capacidad para hacer trabajo energético aumenta cuando mi columna vertebral está derecha. Sentarse derecho puede o no funcionar para usted, así que experimente con su postura.

Una vez que esté cómodo, frote las manos suavemente durante varios segundos hasta que sienta calor entre ellas. Luego ponga las manos juntas en frente de usted como si fuera un niño diciendo una oración al acostarse, y sepárelas lentamente unas pulgadas. Mientras las separa, vea si siente que la energía que acaba de generar fluye entre sus palmas o dedos (¡y aquí estoy hablando de energía, no calor!). Para algunas personas la energía se siente, o incluso se ve, como si estuvieran jugando con un hilo entre las manos. No va a sentir el estruendo de un rayo porque esta energía es sutil y se siente como hormigueo. En mi caso, a menudo la siento emanándose del centro de mis palmas, otras personas la sienten desde sus dedos.

Después trate de unir las manos de nuevo suave y lentamente. Mientras hace esto, vea si siente resistencia entre las manos. Para algunas personas, esto se siente como cuando tratamos de unir dos imanes y se repelen. No se desanime si no siente nada la primera vez que intente esto. Si practica este ejercicio, finalmente sentirá algo.

Una variación de esta técnica es trabajar con un compañero. Siéntese mirando a su compañero, frote sus propias manos como lo hizo cuando estaba solo, y dígale a la otra persona que haga lo mismo. Luego una sus manos con las de su compañero, como si estuvieran empujando lados opuestos de una puerta. Separen las manos uno del otro lentamente y vea si siente la energía entre los dos. Luego trate de sentir la resistencia mientras mueve de nuevo sus manos hacia las de su compañero.

Algunos practicantes creen que tienen una mano "receptiva" y una "activa". La mano receptiva es la mejor para sentir la energía, y la activa para dirigirla. Los que creen en esto dicen que la mano dominante es la activa, así que si usted es diestro, debería hacer este ejercicio con la mano izquierda. Personalmente, nunca he sentido que una de mis manos sea receptiva y la otra activa —ambas funcionan para las dos cosas—, pero hay personas en mi congregación que defienden la teoría de la "mano receptiva". Este es otro de los conceptos con los que puede experimentar para descubrir lo que funciona mejor para usted. ¡Tal vez sus pies son mejores que cualquiera de sus manos!

EJERCICIO 2: PIEDRAS Y PALOS

Una vez que haya sentido la energía en sus manos, trate de sentirla en un cristal o piedra. Los cristales son baterías naturales, por eso su energía tiende a ser fácil de sentir. Siéntese cómodamente, relájese y coja la piedra o cristal en su mano. Sosténgala suavemente, y vea lo que siente. Es probable que no sienta nada con su mano, pero "sienta" la sensación en su cabeza. Tal vez tenga una imagen mental en lugar de una sensación física, o podría simplemente sentir el cristal vibrando en su palma. Ensaye diferentes piedras. ¿Es la energía de ellas diferente? En tal caso, ¿cómo? ¿Son algunas más fáciles de sentir que otras? Si encuentra una piedra en particular que le "canta", tal vez deba guardarla para trabajo mágico.

Después, vea si siente la energía en plantas o árboles. De nuevo, busque un lugar donde pueda relajarse y trabajar sin interrupción, esta vez afuera. Siéntese o párese cerca de una planta o árbol, y ponga las manos a un par de pulgadas del mismo. Sí, puede sentirse tonto haciendo esto. Sus vecinos se extrañarán si lo ven haciendo esto en el patio. ¿Y qué? Todo es en nombre de la experimentación y el crecimiento espiritual, ¿cierto? Cierre los ojos, y trate de sentir la diferencia en la energía mientras mueve las manos lentamente hacia la planta. No debería necesitar el contacto con la planta para sentir su "firma" energética, pero tóquela si no siente nada sin hacerlo. Esto podría ser más fácil con una planta pequeña que con un árbol. Los árboles son grandes, y tienen firmas energéticas maravillosas y fuertes, pero no son tan vivos, por falta de una mejor palabra, como por ejemplo el orégano en su jardín. Si el árbol es un contrabajo, la hierba es una soprano.

Cuando haya sentido la energía de piedras y plantas, trate de trabajar con objetos caseros; ellos también tienen firmas energéticas. Trate de sentir la energía de un bloque de madera o un juguete de plástico. La emanación puede no ser tan fuerte como lo es con plantas y cristales, pero debería estar ahí. Aquellos que se vuelven expertos en sentir energía en objetos inanimados, a menudo usan sus manos en la psicometría. La psicometría es la capacidad de tocar algo y obtener información acerca de su pasado con base en su vibración; por ejemplo, coger una fotografía antigua y saber algo sobre las personas fotografiadas. Sin embargo, no crea que no es un buen wicca si no puede hacer psicometría como un experto; ¡muchos wicca tampoco pueden! Lo importante es que siga practicando y tratando de sentir la energía.

La energía sigue al pensamiento: visualización

Una vez que haya sentido la energía, puede empezar a aprender a trabajar con ella para realizar rituales, familiarizarse más con la divinidad, hacer magia y generar cambios positivos en su vida. El primer paso para hacer esto es aprender sobre visualización. En la wicca se utiliza la visualización constantemente para realizar magia y trabajo energético. La visualización significa crear en la imaginación una imagen de lo que queremos que ocurra. Existe la idea mágica de que la "energía sigue al pensamiento, esto significa que si crea y ve algo en su mente, esa imagen atrae energía, y lo que está imaginando empieza a volverse realidad.

Esto no es lo mismo que la disparatada idea de la "nueva era" de que si todos nos reunimos, nos tomamos de la mano y visualizamos la paz mundial, los ejércitos del mundo dejarían sus armas, todas las fronteras desaparecerían y todas las personas congeniarían. La visualización es más que usar afirmaciones. Las afirmaciones son frases positivas que se repiten a sí mismo una y otra vez para imprimirlas en el subconsciente —esa parte misteriosa y profunda del cerebro que funciona debajo del nivel de la mente consciente—. Si imprime un concepto en su mente subconsciente, el subconsciente trabaja para hacer realidad la idea. A diferencia de la mente consciente, que está unida más estrechamente a la vida cotidiana y quizás tiene una dosis sana de escepticismo, la mente subconsciente cree todo lo que es dicho; es muy literal. Cuando se mira a un espejo y dice: "voy a perder cinco libras", su mente subconsciente dice, "voy a perder cinco libras", su mente consciente dice, "esto sólo funcionará si dejo de comer golosinas". No es que la mente consciente no crea en usted, sino que no acepta su afirmación como verdadera sin cuestionarla. El subconsciente no tiene tales barreras analíticas.

Pero el subconsciente —enigmático como es— funciona mejor con imágenes que con palabras. Si aprende a visualizar lo que quiere que ocurra, será más fácil para su mente captarlo que si simplemente lo dice en voz alta. Cuando forma una imagen en su mente —incluso la mente consciente—, empieza a volverse realidad. Entre más a menudo visualice algo, más real será en su mente, y entre más real sea en la mente, también será más real en otra parte.

A continuación presento algunas ideas que puede ensayar para mejorar su capacidad de visualización. Cuando esté desarrollándolos, será beneficioso empezar en un lugar tranquilo donde trabaje sin interrupción, como lo hizo con los ejercicios de sentir energía. Con el tiempo, mejorará cada vez más al visualizar hasta que pueda hacerlo en cualquier parte, incluso en medio de distracciones. Pero cuando esté empezando a agudizar esta habilidad, es mejor que lo haga en paz y silencio.

Ejercicio 3: cosas cotidianas

Escoja un objeto pequeño que vea todos los días, tal como su reloj despertador, un zapato, las llaves del auto o un abrelatas. Dedique cinco minutos examinando el objeto. Voltéelo en sus manos; siéntalo; huélalo (incluso si es su zapato); observe su peso, sus detalles minúsculos. Una vez que lo haya examinado, suéltelo, cierre los ojos y visualícelo. Imagínelo como un todo, y también visualice todos los detalles que encontró. Vea si puede recrear el objeto en su mente. Cuando lo haga, mantenga la imagen en la mente durante varios segundos o el tiempo que pueda. Cuando ya no pueda retener la imagen, abra los ojos. Haga este ejercicio varias veces con el objeto en frente de usted. Luego practique haciéndolo sin mirar el objeto primero. Tome el objeto en sus manos una vez más y vea si hay detalles que ignoró.

Una vez que haya tenido éxito trabajando con el objeto casero, haga el ejercicio con una planta de maceta. La clave aquí es que la planta cambiará ligeramente todos los días.

Vea si puede observar las diferencias de un día a otro, y cambie la imagen de ayer para reflejar los cambios de hoy. Luego inténtelo con una mascota o la cara de un amigo. Es importante visualizar a sus seres queridos si cree que necesitará hacer magia curativa en ellos en el futuro, y también es una práctica maravillosa.

Ejercicio 4: el juego de fiesta de cumpleaños

Llamamos a este ejercicio juego de fiesta de cumpleaños porque siempre lo jugábamos en esas celebraciones cuando éramos niños. Tal vez usted también lo hacía.

Pídale a un amigo que reúna unos diez objetos caseros pequeños y colóquelos sobre una mesa en frente de usted. Pídale que mida el tiempo mientras usted mira los objetos durante treinta segundos, y luego cúbralos con una manta. Durante sus treinta segundos, examine los objetos todo lo que pueda. Una vez que estén cubiertos, vea si puede recordar cuáles eran y dónde estaban colocados, y visualícelos en su mente. Mírelos por otros treinta segundos si es necesario. Cuándo sepa cuáles son los objetos y su disposición, dígale a su amigo que los reorganice, e inténtelo de nuevo. La idea es no memorizar los objetos como lo haría para una prueba; se trata es de evocar la imagen del montón de objetos en su mente.

Ejercicio 5: localización, localización, localización

Siéntese en una silla en su sala, cierre los ojos y visualice el salón. Trate de ver en su mente todos los detalles posibles. Abra los ojos y observé lo que ignoró. Ciérrelos de nuevo y vea si puede mejorar su imagen mental con los nuevos detalles. Cuando tenga capacidad de visualizar una habitación, pase a la otra, o intente esto en el trabajo, en el autobús o en pasillo del supermercado —cualquier lugar donde pueda cerrar los ojos por un momento sin chocar contra alguien o causar un accidente de tránsito—.

No deje de practicar la visualización, incluso después de que se vuelva experto. Mantener aguda su capacidad de visualización es como hacer ejercicios en el gimnasio; debe seguir practicando para mantener el más alto nivel de capacidad. En realidad, no es mala idea practicar en el gimnasio cuando esté trabajando en una máquina repetitiva y aburrida. Practique recordando detalles de las personas y cosas que lo rodean, en lugar de ver televisión o navegar en la Internet. Sin embargo, ya sea que lo haga o no en el gimnasio, si empieza a hacer rituales y trabajo energético, va a practicar mucho.

Dos habilidades esenciales: descarga y protección

Antes de que explore más el trabajo energético, es importante que ponga a trabajar su capacidad de visualización perfeccionada para que aprenda dos técnicas energéticas importantes: descarga y protección. Estas técnicas le permitirán tener más control en su trabajo energético dándole formas de liberarse del exceso de energía y protegerse de energía indeseada.

Descarga

Tal vez la habilidad más esencial que un wicca puede aprender es llamada "descarga" o "descargar y centrarse". La tierra es una de nuestras más grandes fuentes de energía. Debido a que está viva, irradia energía todo el tiempo; también puede almacenar y neutralizar energía. Cuando un practicante hace magia, usualmente no usa su energía corporal personal (lo que Cunningham llamó "poder personal") porque la necesita para la vida cotidiana. Más bien, toma energía de la tierra (poder terrenal) a través del cuerpo. Igualmente, cuando se tiene demasiada energía, como cuando no ha podido usar toda la energía generada en un ritual poderoso, o cuando ha absorbido "mala" energía en una discusión, regresa a la tierra el exceso de energía. De esto se trata la descarga. Piense en cómo se llevan a tierra cables eléctricos, y tendrá la idea.

Muchos practicantes inician cada ritual o acto mágico con la descarga. De esta forma liberan "vibraciones" indeseadas de su día, como la tensión dejada por una reunión estresante en el trabajo o por conducir en medio de un tráfico pesado. Con la descarga, también se conectan con la madre tierra, de la que vendrá la energía para el ritual. Si va hacer esto para "sacudirse" de su día antes del ritual, no se preocupe por enviar energía "negativa" o "mala" a la tierra.

Como dije, la tierra neutraliza la energía, y lo que le envíe será transformado y se manifestará en otras formas.

Es esencial hacer la descarga antes de generar energía y trabajar con ella. Existe la antigua regla en magia de que nunca debemos llamar algo que no sabemos cómo desterrar. El mago que sugirió eso se refería a espíritus, demonios u otras entidades espantosas pero útiles de los grimoires mágicos medievales, pero cuando lo digo aquí, indico que antes de que genere energía, debe saber cómo liberarse de ella. Si la lleva en su cuerpo, o la deja fluir alrededor de su casa sin dirección o propósito, puede tener toda clase de efectos extraños, de los cuales el menor es que se sentirá mal hasta que la disipe o pueda descargarla.

¿Cómo saber cuando tiene demasiada energía, necesita descargarla, o ambas cosas? Puede sentirse mareado, aturdido o "fuera de sí". Es probable que tenga náuseas, o se sienta nervioso o enojado. Incluso algunas personas se sienten un poco borrachas. Ninguna de estas condiciones es conveniente para ritual o magia, pero no tiene que limitar la descarga para propósitos wicca o mágicos. Puede hacerlo cada vez que lo necesite, por cualquier razón. Lo he visto hacer antes de entrevistas de trabajo.

Hay tantas formas de equilibrar la energía como practicantes de wicca. A continuación presento lo que enseño a mis estudiantes. Esta técnica es llevada a cabo como una meditación, así que es un poco repetitiva. Fue diseñada de esa forma porque la repetición ayuda a relajar, y al estar relajado, es más fácil visualizar y plasmar imágenes en el subconsciente. Tal vez desee grabar este ejercicio y escucharlo cuando practique. He puesto pausas en la meditación, en caso de que quiera grabarla. "Pausa" significa hacer una pausa en la lectura, no en la actividad.

Ejercicio 6: la raíz central

Como lo hizo con los ejercicios anteriores, busque un lugar tranquilo donde pueda trabajar sin interrupción. No tiene que realizarlo al aire libre, pero debe visualizar o sentir la tierra bajo usted. Siéntese cómodamente y relájese. Tome unas respiraciones profundas. Cuando esté tranquilo y relajado, imagine que hay una raíz gruesa, dorada y brillante que se extiende desde la base de su columna vertebral hasta el centro de la tierra. Es vibrante, y toma su energía del núcleo fundido de la tierra. Véala y siéntala en su mente lo más fuerte que pueda. Ella lo conecta a la tierra, la Diosa Madre, y a la red de la vida. Pausa.

Cuando vea la raíz central en su imaginación y "sepa" que se encuentra en realidad dentro de usted, lentamente absorba energía caliente de la tierra a través de ella. Sienta y/o vea la energía fluir por la raíz central hasta la base de su columna vertebral. Pausa. Imagine que la energía se ramifica en la parte superior de la raíz, y fluye a cada una de sus piernas y pies. Sienta la energía moviéndose lentamente hasta sus piernas y pies. Pausa. Luego imagine que la energía fluye desde la raíz central hasta su columna vertebral. Sienta la energía subir lentamente por su columna. Pausa. Luego imagine que la energía se divide en la parte superior de la columna y avanza por cada brazo hasta las manos. Pausa. Finalmente, imagine que la energía fluye de la parte superior de la columna hasta la coronilla. Sienta todo su cuerpo lleno de energía brillante de la tierra. Sienta que está conectado con la tierra y la red de vida. Pausa.

Una vez que haya visualizado la energía llenando su cuerpo, imagínese sacando suavemente el exceso de energía de su cabeza, brazos, piernas y columna vertebral hasta la raíz central, y de ahí a la tierra. Conserve la energía de su cuerpo, pero vea la energía indeseada fluyendo por la raíz central y neutralizándose en la tierra. Sienta que sale de su cuerpo. *No está agotado porque no está sacando su propia energía.*

Para algunas personas es útil acumular la energía en la parte superior de la raíz central antes de sacarla, mientras otras prefieren sacarla de todas las partes del cuerpo al mismo tiempo. La mejor forma es la que más se le facilite.

Si hace este ejercicio suficientes veces, la raíz central se volverá real. Me di cuenta que la meditación estaba funcionando con mis estudiantes cuando los llevé a un gran ritual público, y el líder del ritual les pidió a todos que equilibraran su energía de antemano extendiendo una raíz en la tierra. Estábamos parados en círculo con otras personas, y en el momento en que el líder dijo eso, pude sentir las "raíces centrales" de todos mis estudiantes entrar rápidamente en la tierra una tras otra alrededor del círculo. Fue como fichas de dominó cayendo seguidas. Por la mirada graciosa en sus rostros supe que otros participantes del ritual que no estaban en nuestro grupo también lo sintieron.

Cada vez que necesite equilibrarse, puede descargar el exceso de energía del cuerpo a través de su raíz central. Practique tomando y regresando energía a la tierra muchas veces antes de hacer cualquier hechizo o trabajo energético adicional. Repitiendo el ejercicio, está "quemando" la imagen de la raíz central en su mente y haciéndola cada vez más real para su subconsciente.

Como dije, hay otras formas de hacer la descarga. Si la idea de la raíz central no funciona para usted, intente algo más. La siguiente es una lista corta de ideas. Experimente con ellas, o encuentre otra que tenga sentido y funcione bien para usted.

Técnicas rápidas de descarga y visualizaciones

Respiración

Respire lenta y profundamente, e imagine que saca el exceso de energía de su cuerpo con cada espiración. No absorba energía adicional con la aspiración; sólo tome aire. Recuerde respirar lentamente. Inhalar y exhalar rápidamente le ayuda a acumular energía en lugar de liberarse de ella.

Sacudir las manos

Visualícese empujando el exceso de energía hasta sus manos, luego sáquela de éstas como si estuviera sacudiendo agua. Sólo tenga cuidado de no dirigirse a alguien o "golpear" a otros por accidente. De esta forma podría hacer que alguien tuviera náuseas.

Descargar en un árbol

Como en el ejercicio anterior, visualícese trasladando el exceso de energía a sus manos. Toque el tronco de un árbol, e imagine el exceso de energía fluyendo de las manos al árbol, bajando por el tronco hasta las raíces y luego a la tierra. Hice esto una vez cuando estaba en una audición al aire libre para mi grupo vocal, y tuve éxito. En el último minuto averigüé que debía ser la solista en lugar de una cantante de apoyo. Estaba llena de miedo, así que descargué todo mi nerviosismo en un complaciente roble en el parque. Cuando toqué su tronco, sentí el miedo saliendo de mi vientre, fluyendo por mis brazos hasta el árbol y la tierra. Estoy segura que mi presentación habría sido un desastre si primero no hubiera descargado la energía indeseada.

Piedras

Puede usar la técnica del árbol con una piedra. Tenemos un gran azabache, que conseguí en una exposición de gemas y minerales, en un cajón de nuestro altar para que las personas lo saquen y equilibren la energía con él si lo necesitan. Pueden introducir la energía en la piedra con sus manos, o incluso poner la piedra en la frente y dejar que la energía fluya a la roca desde su "tercer ojo" —el centro de energía en el centro de la frente, entre las cejas—. Sin embargo, su piedra no tiene que ser grande; puede ser tamaño bolsillo para que la lleve a cualquier parte. Tengo un pequeño azabache en mi cartera por esa razón. La tradición dice que las piedras negras como el azabache o la obsidiana funcionan mejor para la descarga, pero también he tenido buena suerte con las hematites. Otros afirman que sirve cualquier roca sólida buena que encuentran en el bosque o junto a un arroyo. Una vez que se haya equilibrado con la roca, puede "vaciarla" de lo que puso en ella colocándola en agua corriente, en un tazón de sal, o simplemente en la tierra. Esto no siempre es necesario, pero como vio antes en los ejercicios de sentir la energía, algunas rocas realmente retienen energía (los cristales, en particular, son como baterías recargables), y si va a usar la misma roca para descargar posteriormente, es buena idea "vaciarla". Hay muchos libros excelentes sobre las propiedades de las rocas, y muchos de ellos listan cuáles rocas son buenas para descargar. Vea más información en las lecturas sugeridas.

Agua corriente

Sentarse junto al agua corriente o meterse en ella es otra excelente técnica de descargar. Párese en la ducha y visualice el exceso de energía saliendo de usted con el agua. Si tiene el lujo de vivir cerca de un arroyo o río limpio, o incluso junto al mar, nadar en agua fluyente es una gran alternativa. Una advertencia: si tiene tanta energía que se siente mareado, tenga a alguien cerca que lo observe si va a equilibrar la energía en agua. Podría resbalarse en la ducha y golpearse la cabeza o quedar atrapado en la contracorriente, y entonces necesitará un tipo de descarga completamente diferente.

Comer

Comer puede reconectarlo con la tierra rápidamente. Es difícil seguir mareado cuando el estómago está lleno. Si va a comer para equilibrar energía, coma lentamente una pequeña porción de algo sólido, preferiblemente sin mucho contenido de azúcar o cafeína. El azúcar y la cafeína lo agitarán. Una tajada de queso, salami o buen pan servirá. No necesita mucha comida para esto, y comer en exceso cuando está haciendo la descarga puede hacer sentir mal su estómago. Muchos rituales wicca incluyen una pequeña comida o bocado ceremonial para ayudar a los participantes a equilibrar la energía.

El camino directo

Tal vez la forma más fácil de equilibrar la energía es apoyarse con las manos y rodillas y presionar la frente en el piso o suelo. Imagine el exceso de energía fluyendo de su frente a la tierra. Asistí a un ritual en una gran fiesta pagana donde los líderes del ritual proveían una piedra grande y plana para que las personas se arrodillaran y colocaran la frente. Los rituales públicos pueden ser muy apasionantes con tanta gente presente, y esta era una gran solución para el problema de personas que se alejaban del sitio del ritual sin descargar el exceso de energía.

Protección

Como con la descarga, es importante entender la protección antes de empezar un trabajo energético más avanzado. La "protección" es esencialmente crear un campo de energía a su alrededor para ayudarlo a controlar cuáles energías toma del mundo que lo rodea y cuáles energías desecha. Para continuar con mis comparaciones con la película *Star Wars*, es como el campo de fuerza alrededor de la Estrella Muerta —una protección invisible que se puede quitar o poner a voluntad—. Puede crear una protección que detenga todo, o uno semipermeable que sólo filtre cosas negativas, como un colador, y deje pasar el resto.

La mayoría de personas tienen formas de protección naturales que se activan cuando están inquietas o asustadas. Para protegerse, tal vez su mente ya construyó un escudo de "no, así fuera el último hombre (o mujer) en la tierra" que inconscientemente activa cuando una persona atemorizante se sienta junto a usted en la barra de un bar. O quizás tiene un escudo de "por favor, no me notes" para cuando no se ha preparado para su clase o reunión de negocios, y no quiere que su profesor o jefe le haga preguntas sobre el tema. (Precaución: no use el escudo de "no me notes" cuando esté conduciendo; es más probable que llegue a casa en una pieza si los otros conductores lo ven). Estos son sistemas de protección de "barrera" más tradicionales, pero también puede ya tener uno que despida un tipo específico de energía que quiere proyectar, tal como el escudo de "soy fuerte y poderoso, y podría pelear contra

Jet Li con un brazo atado en mi espalda, así que no se me acerque" para cuando está caminando solo por una calle oscura.

¿Por qué necesita una protección? Cuando los practicantes de wicca trabajan con energía y tratan de mejorar sus capacidades psíquicas, se vuelven naturalmente más sensibles a su entorno, y la protección los ayuda a filtrar "ruido" energético ambiental. Probablemente no desea absorber las vibraciones de todas las personas si se encuentra en un restaurante muy concurrido, por ejemplo, o en un centro comercial el día de Acción de Gracias. Si es psíquicamente sensible, es fácil que quede abrumado en lugares públicos ruidosos. A veces, también tenemos que lidiar con personas "tóxicas" en el trabajo u otra parte, y aunque no podemos evitarlas, podemos protegernos para impedir que se peguen a nosotros sus emanaciones negativas. Una vez los practicantes crean la protección que filtra el material indeseado, se concentran en el ritual o hechizo que están haciendo sin interrupción energética, y toman sólo la energía que necesitan y desean.

Cuando algunos estudiantes oyen por primera vez la palabra protección, la interpretan como si se refiriera a una armadura completa, y empiezan a preocuparse de que si hacen trabajo energético necesitarán protegerse de espíritus malignos o magia negra. No se preocupe —trabajar con energía de la tierra no trae a la puerta de su casa bestias de energía negativa ni diablillos malévolos—. Tendría que estar haciendo magia muy oscura para hacer aparecer cosas como esas —si es que existen—. También podría encontrar personas que dicen que usan formas de protección para rechazar "ataques psíquicos" o magia negativa dirigida a ellas. Generalmente, esto es absurdo. Es cierto que puede usar protección para impedir tal ataque, pero no se preocupe de que personas estén usando algún poder psíquico secreto para hacerle daño. La mayoría de gente no puede o no hace un ataque psíquico contra alguien más. No es tan fácil, y no es para nada común. Con la rede y la ley de tres, cualquier wicca lo pensaría dos veces antes de intentar un ataque psíquico. Cuando alguien le diga que es víctima de un ataque psíquico, créale sólo en parte. Desde luego es posible, pero con frecuencia estas historias son creadas para generar drama y llamar la atención.

Dicho eso, la protección es una herramienta importante para un wicca. Construir una es sencillo.

Ejercicio 7: protección

Inicialmente, piense en una imagen que podría usar para protegerse. Por ejemplo, es común que los wicca imaginen sus escudos de protección como una burbuja rodeando sus cuerpos. Otros imaginan que están usando una armadura completa o están rodeados por un anillo de fuego. Tengo un estudiante que utiliza un castillo con un foso y puente levadizo, y una amiga mía que imagina una poderosa serpiente enrollada a su alrededor (sin presionarla, por supuesto). Escoja algo que pueda visualizar fácilmente y que no considere absurdo.

Cuando haya escogido una imagen, siéntese cómodamente y relájese. Descargue la energía. Tome varias respiraciones profundas. Imagine una esfera de energía ubicándose en la parte superior de su raíz central. Hágala de un color que asocie con protección. Visualice la esfera de energía hasta que la sienta real. Luego extienda la energía para rodear su cuerpo y tomar la forma de la imagen que eligió. Si está trabajando con una burbuja, podría ver la energía como una burbuja azul que inicia en su cuerpo pero crece hasta más allá de los límites de su cuerpo y lo rodea. Use la visualización para hacer la burbuja real y sólida. Imagine energías indeseadas rebotando inofensivamente en la superficie. Párese y muévase de un lado a otro. Su escudo debe moverse con usted. Practique conservándola mientras hace tareas ordinarias tales como limpiar con la aspiradora o cepillarse los dientes. Visualícela hasta que sea totalmente real para usted.

Practique la protección regularmente en un espacio tranquilo. Cuando crea que lo domina, trate de hacerlo en público y vea si la gente reacciona a usted de manera distinta. Recuerde que la protección creada es puramente defensiva; no está destinada a proyectar su energía en otros. Trate de usarla en diferentes lugares y circunstancias, y observe lo que se siente distinto en cada sitio. No sólo practique creando protección, también hágalo al contrario. Para hacer eso, simplemente "absorba" la energía de regreso en la esfera en la parte superior de su raíz central, y descargue cualquier exceso de energía a través de ésta. Vea qué tan rápido puede poner y quitar su escudo de protección. Practique haciéndolo en un lugar concurrido donde haya muchas distracciones.

Si la imagen de la burbuja no le funciona, a continuación presento otras que puede ensayar. Sin embargo, recuerde que el escudo más fuerte es el que invente usted mismo.

- Imagine que está rodeado por un muro de ladrillo. El muro es impenetrable, pero es liviano y se mueve con usted.
- Imagine que está rodeado por una bola o anillo de fuego.
- Imagine que su piel es una superficie brillante y reflectiva que devuelve las energías que no quiere.
- Imagine que está usando una capa liviana pero impenetrable.
- Imagine que está rodeado por luz protectora del color que escoja.
- Imagine que está usando un traje energético.
- Imagine que está rodeado por alambre de púas. (Use ésta sólo si no quiere que nadie se le acerque).
- Imagine que está rodeado por un muro o anillo de hielo claro.

Ejercicio 8: protegiéndose con un compañero

Ahora que ha creado una fuerte protección, practique con un compañero para ver si pueden sentir los escudos de cada uno. Siéntese en sillas o en el piso, mirándose mutuamente. Inicien el ejercicio sin colocar protección alguna. Pídale a su compañero que coloque sus manos lejos de usted y luego las acerque lentamente, deteniéndose cuando sienta su protección o escudo natural. Este no es el escudo que ha creado para protección, es su campo energético natural. En algunas personas este campo se extiende varias pulgadas fuera del cuerpo, y en otras está muy cerca de la piel. Se sentirá como una leve resistencia. Una vez que su compañero haya sentido su escudo natural, vea si siente el de él o ella.

Después, activen sus escudos o campo se protección. No revelen cuáles imágenes están usando. Bombee una cantidad considerable de energía a su escudo. Proyecte su energía hacia fuera, como si estuviera protegiéndose, pero recuerde no proyectarla hacia su compañero como si estuviera atacándolo. Haga que la otra persona mueva otra vez las manos hacia delante lentamente y que le informe cuando sienta su escudo o protección. Pídale que describa cómo se siente. ¿Es diferente de su protección natural, o similar? ¿Puede él o ella adivinar qué imagen está usando con sólo sentir el escudo? Luego cambien y trate de sentir el escudo de su compañero, además de adivinar lo que está visualizando. Equilibren la energía cuando terminen.

¡Recuerde practicar!

Sé que ya lo he dicho, pero es bueno repetirlo: practique, practique, practique su visualización, descarga y protección. Cuando hace estos ejercicios, está entrenando su mente y preparándola para rituales o trabajo mágico, entre otras cosas. Imprima estas habilidades en su cerebro para que las realice en cualquier parte, en cualquier momento, e incluso en forma inconciente. Las necesitará para explorar el trance, la meditación y la visualización —o meditación guiada—, tres de las prácticas wicca más poderosas y versátiles.

CAPÍTULO CUATRO

TRANCE, MEDITACIÓN Y VISUALIZACIÓN (O MEDITACIÓN GUIADA)

En la wicca se usa el trance, la meditación y la visualización (o visualización guiada) para entrenar la mente y trabajar con el subconsciente para aprovechar sus poderes mentales. Hay muchas razones por las que un wicca podría usar cada técnica o las tres juntas, incluyendo ejercicio mental, descarga, comunicarse con los dioses, magia, trabajo con sueños, viaje chamánico, crear un templo astral, curación y la simple relajación. Hablaremos un poco más sobre algunas de estas posteriormente en el capítulo.

La meditación y la visualización incluyen entrar en un estado de trance ligero y luego usar la visualización para fijar una imagen en la mente. La principal diferencia entre los dos, para los propósitos de este libro (encontrará definiciones diferentes en otras partes), es que cuando se lleva a cabo la visualización, ésta usualmente involucra un viaje mental guiado a un lugar particular para una intención particular. Una meditación puede tener una forma mucho más libre, y puede no haber un "viaje" incluido.

El primer paso para hacer una meditación o visualización (o visualización guiada) es relajarse y permitirse entrar en un estado de trance ligero. Pero primero necesita saber cómo "entrar en trance".

Trance

Un trance es un estado alterado ligero, un punto intermedio entre estar dormido y completamente despierto. Cuando usted está hipnotizado, se encuentra en un tipo de trance. Usualmente está en un trace ligero cuando sueña despierto. Hablamos de "cabecear" medio dormidos frente a la televisión, y esto también es una forma de trance. Durante un trance, la mente consciente no se retira completamente —aunque a veces se siente así—, sino que está ocupada en otra parte, y el subconsciente tiene un dominio más libre.

Las técnicas de trance hacen el trabajo energético más fácil porque le permiten ignorar la mente consciente lógica y escéptica, y de esa forma tener acceso al subconsciente más fácilmente. Como se dijo en el capítulo 3, la energía sigue al pensamiento, e imágenes impresas en el subconsciente empieza a hacerlas realidad. Así, si puede usar un estado de trance para desactivar las barreras de su subconsciente y "convencerlo" de que su objetivo ya es una realidad, es más probable que tenga éxito con su magia o la meta que trata de alcanzar a través del trance.

De este modo, si no tiene a alguien que controle el tiempo y le diga, "te está dando sueño", ¿cómo logrará un estado de trance? Al igual que con la descarga, hay tantas formas de entrar en trance como personas que quieren hacerlo. Sin embargo, primero que todo, necesitará preparar el sitio.

Cuando apenas esté empezando con el trabajo de trance, es importante el ambiente en que decida trabajar. Como pasó con el trabajo que hizo en el capítulo 3, deberá encontrar un lugar tranquilo donde pueda practicar sin interrupción. Con el trabajo de trance es especialmente importante que también se sienta seguro en el lugar que escoja. No estará en peligro cuando entra en trance, pero será más vulnerable a las energías del ambiente porque la mente consciente —que normalmente lo incitaría a contrarrestar energía indeseada, ruidos y otras distracciones— estará en unas cortas vacaciones cuando usted se encuentra en trance. Hablando de distracciones, si tiene mascotas, asegúrese de dejarlas fuera de la habitación en que está trabajando. A muchos animales les gusta el trabajo energético, y pueden ser una molestia (molestia simpática, pero aun así . . .) cuando esté tratando de hacer trabajo de trance o magia. Cada vez que mi marido recibe clientes para dar masajes en nuestra casa y olvida cerrar la puerta, mi vieja gata se acuesta junto al cliente y lo toca con sus patas. Parece que le gusta la emanación que producen cuando están en trance.

Escoja un lugar para hacer el trabajo de trance que no sea solamente seguro, pero también cómodo. Cierre las cortinas y trabaje con luz tenue. Antes de ir a dormir, usted cierra las cortinas y baja o apaga las luces, como preparación para un estado de trance más profundo. Esto ayuda a activar su mente para que la parte consciente de ella se desconecte por un rato. Trabajar a luz de una vela es bueno porque es suficientemente oscuro para inducir el trance, pero con suficiente luz para recordarle a la mayoría de personas que no deben quedarse dormidas. Sin embargo, si usa una vela, asegúrese de que esté en un lugar muy seguro en caso de que se quede dormido.

Si lo desea, puede escuchar música de fondo durante su trabajo de trance. Algunas personas entran en trance más fácilmente de esta forma, mientras que otras la consideran una distracción. La música puede reducir a un solo ruido los ruidos exteriores a la habitación, tales como el del tráfico u otras personas en la casa. Luego puede desintonizar la música (es más fácil ignorar un ruido que ignorar varios) o escucharla, como prefiera. Esto funciona especialmente bien con auriculares. Si quiere escuchar música, elija algo repetitivo porque el cerebro se acostumbra a ella con facilidad y no es estimulado por la introducción de nuevos sonidos o cambios de melodía. Nosotros escuchamos la música de monjes tibetanos cantando "Om" como sonido de fondo. Es terriblemente aburrido escucharla, pero el sonido repetitivo es maravilloso para inducir el trance. También es bueno escuchar música instrumental para que el cerebro consciente no interrumpa su trance tratando de seguir la letra de la canción.

Una vez que tenga lista la habitación, siéntese cómodamente, descargue la energía y active su protección. Con su mente consciente ("guardia de seguridad") bebiendo mojitos en la playa, es mejor activar el sistema de alarma, por si acaso. De nuevo, no está protegiéndose para no preocuparse por atraer energía negativa, sino porque debe mantener a raya energías y sonidos distractores. Puede ajustar su protección para filtrar ruido además de energía. Después de todo, es su protección; es tan real como lo haga, y puede "programarla" para que haga lo que necesite.

Después, cierre los ojos y permita que enfoquen suavemente (deje que sus ojos se relajen y su visión se ponga borrosa), y tome varias respiraciones profundas. Sienta su cuerpo relajarse con cada respiración. Luego, cuando haya descargado la energía y se sienta relajado, realice una de las siguientes técnicas para inducir el trance. Sin embargo, antes de empezar, si le preocupa entrar en un trance profundo y cree que tendrá problemas para regresar, hay dos cosas sencillas que puede hacer. Prepare un reloj despertador para que se active después de cierto tiempo (5–10 minutos para su primer intento; 15–20 minutos si es experto en el trabajo de trance). También puede pedirle a alguien que golpee en la puerta a una hora específica. El ruido del reloj o la puerta debería despertarlo del trance. No es probable que "vaya a algún lugar" y no pueda regresar, pero si tiene miedo de que esto suceda, su temor puede interferir durante la sesión.

La siguiente es una lista corta de inductores de trance. Tenga presente que esta es otra situación en que la técnica que mejor le funciona será la que utilice, así que use estas ideas como un trampolín para descubrir sus propios métodos.

Unas formas básicas de inducir el trance

Haga una respiración completa. Los ejercicios de respiración son maravillosos para energía y trance. Haga respiración completa, aspire lentamente contando hasta cuatro, sostenga la respiración hasta la cuenta de cuatro, exhale hasta la cuenta de cuatro, sostenga hasta la cuenta de cuatro y continúe. El conteo debe ser muy lento. La combinación de respirar y contar lo ayudará a entrar en un estado alterado ligero.

Encienda una vela. Deje que sus ojos se enfoquen suavemente, luego mire fijamente la llama trémula. Puede hacer lo mismo si está sentado alrededor de una hoguera o en frente de una chimenea, pero primero vea que esté seguro. Nunca está de más tener un extintor a la mano cuando hacemos algo con velas o fuego.

Tazón de agua. Mire fijamente la superficie del agua en un tazón o la llama de una vela reflejada en el agua.

El libro de notas. Cierre los ojos y visualice una libreta con papel rayado. En su mente, escriba en una línea del papel, "estoy en trance". Visualice formar cada letra de la oración. Siga escribiendo la oración en las otras líneas.

El laberinto. Cierre los ojos e imagine que está en un laberinto de pasillos sinuosos. Al igual que Teseo en la historia del minotauro, usted tiene en la mano un extremo de una cuerda dorada. La cuerda serpentea a través de los pasillos hasta el centro. Sígala hasta ese punto. Cuando llegue ahí, estará totalmente en trance.

La escalera. Imagine subir o bajar por una escalera espiral, con cada vuelta llevándolo a un trance más profundo.

Quemar incienso de artemisa. Esto funciona de dos formas. Primero, la artemisa tiene un compuesto que parece inducir el trance. No es como fumar marihuana o tomar una droga; es sutil (y legal). Es bueno para trabajo mágico porque le ayuda en el trance, pero usted todavía tiene el control. También puede usar el enfoque suave con el humo para inducir el trance.

El cristal. Busque un cristal con muchas puntas o una roca con muchas marcas sin orden. Enfoque suavemente, y mire las puntas o marcas. También puede mirar fijamente el reflejo de la luz de la vela en las facetas.

Chorro de agua. Si tiene una fuente sobre su mesa, haga un enfoque suave, luego mire el agua burbujeante. Observe que el sonido del agua corriente hace que algunas personas de repente tengan que ir al baño, lo cual no es muy útil cuando está tratando de entrar en trance.

Agua girando. Visualice agua girando por un desaguadero, o haga circular agua y véala en realidad. Vea la advertencia del baño de la idea del chorrito de agua.

Observe los peces. Deje que sus ojos se enfoquen suavemente y mire fijamente un acuario. Sí, esto suena gracioso, pero en realidad funciona. Hay una razón para que muchos asiáticos mantengan acuarios en sus casas —tienen gran energía (chi) y son muy relajantes—. El día en que mi esposo y yo nos mudamos, nosotros y el grupo de amigos que nos ayudó estábamos tan cansados, que nos sentamos en la sala y nos quedamos medio dormidos en frente del acuario durante varios minutos, antes de que uno de nosotros se diera cuenta de que habíamos caído en una especie de estado hipnótico inducido por los peces y la fatiga.

La espiral. Dibuje una espiral en un papel, y trácela con su dedo. Observe la yema del dedo mientras avanza. Esto es hecho mejor a luz de vela. Tengo una espiral en arcilla con ranuras del tamaño de la yema del dedo sólo para este propósito. Observe que algunas personas apenas están empezando tienen dificultad para entrar en trance y hacer algo físico —como mover los dedos— al mismo tiempo, así que lo mejor sería que comenzara con una de las otras ideas.

Otras formas más avanzadas de inducir el trance

Estas son "más avanzadas" porque requieren movimiento, entrenamiento o ambos.

Tocar el tambor. Tocar un tambor lentamente induce el trance porque es repetitivo y genera una vibración maravillosa y relajante. No lo toque rápidamente, porque eso aumenta la energía en lugar de inducir el trance. La idea es imaginar que su ritmo cardiaco disminuye con la velocidad del toque del tambor.

Baile de trance. Si ha estado en un evento pagano o wicca, probablemente ha visto personas tocando tambor y bailando alrededor de fuego. Bailar es una de las formas más divertidas de entrar en un estado alterado. Puede hacerlo solo, en medio de un club lleno de gente, o con sus amigos bajo la luz de la luna. Dar vueltas —como lo hacen los "derviches giratorios" sufí— también lo pondrá en trance rápidamente, pero tenga cuidado. Es fácil que pierda el equilibrio y se golpee contra los muebles (si hace esto en casa) o toque el fuego (si lo hace afuera). Si está interesado en un baile de trance, vea el libro de Gabrielle Roth Sweat Your Prayers.

Tai chi y chi gung. Si ha estudiado tai chi y/o chi gung, sabe que estas prácticas están destinadas a inducir un trance ligero, entre otras cosas. Mi marido y yo creemos que son tan beneficiosos para aprender sobre el cuerpo, la energía y el trabajo de trance, que requerimos que todos los estudiantes aprendan un poco de uno o el otro.

Detener la "charla mental"

La concentración es básica para una buena visualización, el trabajo de trance y la magia. Como estoy segura que ya descubrió cuando hizo algunos de los ejercicios de trance, a veces es difícil concentrarse porque la mente consciente está continuamente hablando en su interior —haciendo una lista de comestibles, reviviendo una discusión con su ex, preguntándose qué empacar para un viaje— enfocada en cualquier cosa con la que se obsesione en ese momento. Varias de las técnicas de inducción de trance que acabé de listar pueden ayudar a aquietar la mente hablante, especialmente la respiración completa, escuchar música con auriculares, y la libreta, porque ocupan el cerebro lo suficiente para que se olvide del mundo exterior, pero no tanto para que no pueda relajarse y entrar en trance. Las siguientes son recomendaciones adicionales que puede hacer antes del trance o la meditación para ayudar a detener la charla mental. Hay muchas, muchas técnicas para esto, así que si una de estas no funciona, ensaye otra. Encontrará la apropiada para usted.

Escriba la charla. En una libreta, ponga por escrito el desorden que pasa por su cabeza. Escriba y escriba una y otra vez hasta que quede saturado. También puede imaginar y visualizar que está escribiendo, en lugar de hacerlo en realidad.

Quítela con agua. Visualícese en la corriente de un río, con el agua llevándose todas esas cosas extrañas que están pasando por su cabeza.

Una variación de la respiración completa. En lugar de lentamente inhalar, sostener, exhalar y sostener, haga el circuito completo lentamente seguido por uno rápido, luego alterne entre los dos.

Respiración por el tercer ojo. Respire lenta y profundamente, imaginando que lo hace por su tercer ojo, el centro energético que se ubica entre las cejas.

Si no puede detener la charla interna de ningún modo, podría significar que este no es un buen momento para el trabajo de trance porque tiene algo importante que necesita atender. En este caso, tal vez lo mejor sea tratar primero el asunto externo.

Trance con un guía de viaje: meditación y visualización guiada

La meditación y la visualización guiada son extensiones de la visualización y el trabajo de trance que ya ha hecho. Hay muchos tipos de meditación, pero para nuestros propósitos, la meditación es concentrarse en una imagen o resultado deseado mientras se está en trance. La visualización guiada es hacer un viaje mental estando en trance.

Meditación

Una meditación es como una visualización prolongada hecha bajo circunstancias especiales. Es útil en la magia y en el perfeccionamiento de sí mismo porque, como expliqué antes, cuando nos concentramos en una imagen estando en trance, es más fácil imprimirla en la mente. Los practicantes de wicca meditan en imágenes por muchas razones, incluyendo, pero no limitándose en las siguientes:

Ejercitar la mente. Debido a que requiere sostener una imagen en la mente por un tiempo, la meditación fortalece la capacidad de enfocarse y agudiza la conciencia.

Hacer magia o curar. Ambas cosas requieren concentración y visualización, que a su vez son ayudadas por la meditación y el trance. A menudo, un wicca medita en la visualización de un objetivo —tal como conseguir un nuevo empleo— como parte de un ritual mágico para lograr ese fin. Además de tratar médicamente un tobillo torcido, los practicantes meditan en una imagen mental de la hinchazón reduciéndose. Es común encender una vela y meditar para ayudar a curar un ser querido que está en el hospital.

"Fijar" un sueño. En cierta medida es como una "pregunta y respuesta". Usted usa una meditación para preguntarle algo a su subconsciente antes de acostarse. Luego, cuando se vaya a dormir, el subconsciente le responde en un sueño.

Obtener información psíquica. Esto es similar a fijar un sueño, excepto que la respuesta viene de otras fuentes, tales como un destello de inspiración o por medio de los sentidos psíquicos.

Un ejemplo de usar la meditación para lograr un objetivo

El siguiente es un ejemplo de un proceso que un wicca podría usar para lograr un objetivo a través de la meditación. Este es un procedimiento que puede modificar para usar en diversas circunstancias.

Digamos que usted quiere usar la meditación para mejorar sus resultados en una prueba importante. Podría seguir estos pasos:

1. Primero, ¡estudie para el examen! La meditación es una herramienta poderosa, pero también debe trabajar por su objetivo en el plano mundano.
2. Escoja un lugar tranquilo y seguro para meditar. Desconecte el teléfono. Ponga un letrero de "no molestar" en la puerta. Relájese.
3. Forme una imagen en su mente de usted logrando una gran puntuación en el examen. Ésta podría ser la imagen mental de alguien estrechándole la mano y felicitándolo, o de la puntuación misma del examen. La imagen que tenga el mayor significado para usted será la que funciona mejor.
4. Use una de las técnicas del capítulo 3 para descargar la energía. La visualización de la raíz central es una gran técnica de descarga antes de la meditación.
5. Use una de las técnicas de trance de este capítulo para entrar en un estado ligeramente alterado. Las técnicas de la llama de la vela o el tazón de agua podrían ser particularmente útiles para este ejemplo.
6. Traslade la conciencia de la técnica que estaba usando para entrar en trance, a la imagen del examen que escogió. Por ejemplo, si está mirando la llama de una vela, "vea" su imagen en la llama, visualice la llama convirtiéndose en su imagen, o lentamente deje que

sus ojos se cierren y visualice la imagen en su imaginación. Concéntrese en la imagen; véala hacerse más clara. Hágala real en su mente.

7. Después de un rato, libere la imagen y descargue su energía.
8. Repita esto una vez al día durante varios días para fortalecer la imagen en su mente.
9. Puede modificar este proceso para trabajar en cualquiera de los objetivos listados previamente, u otros más.

Visualización guiada

Ahora que tiene un poco de experiencia en concentrarse en una sola imagen, puede extender esa experiencia a la visualización guiada. Como en la meditación, una visualización guiada empieza con descarga, relajación y el estado de trance. Sin embargo, una vez que haya alcanzado el trance, en lugar de concentrarse en una sola imagen, permitirá que su mente lo lleve en un viaje guiado a lo largo de un camino o a un destino que escogió antes de comenzar. En el capítulo 1, mencioné el trabajo de Mircea Eliade sobre chamanismo y cómo el chamán usa estados alterados para viajar en el árbol del mundo al inframundo, o el otro mundo, para obtener información psíquica o divina. Esta es una forma de visualización guiada. En wicca se utiliza la visualización guiada en las siguientes formas, entre otras:

Para hablar con los dioses. Los dioses existen en la tierra, pero es más fácil llegar a ellos en su propia morada —el otro mundo, el reino espiritual—. En meditación, usted puede viajar a los mundos de los dioses y aprender de ellos en contexto. Le mostrarán y enseñarán cosas en la visualización guiada que sería difícil de experimentar en el plano mundano.

Para construir un templo astral. Un "templo astral", al menos para los propósitos de este libro, es un lugar que crea en su mente donde va a hacer magia o comunicarse con los dioses, entre otras cosas. La visualización guiada hacia un templo astral usualmente incluye hacer múltiples viajes a este lugar, haciéndolo más concreto y claro cada vez que lo visita, hasta que pueda llegar ahí a voluntad.

Para obtener información psíquica. Puede usar la visualización guiada a fin de encontrar guías serviciales a quienes puede pedir información. Por ejemplo, podría diseñar un viaje donde encuentre su yo interior (una personificación del subconsciente), y pedirle que localice la fuente de dolor en su cuerpo. O podría visitar los espíritus animales o humanos de un sitio sagrado para aprender acerca del significado del área. Igualmente, puede usar la visualización guiada para encontrar, hablar y conseguir información de los muertos.

Una de las cosas más importantes de recordar al realizar la visualización guiada es que debe tener un solo lugar de partida para su viaje, y que debe salir de su la visualización de la misma forma en que entró. Por ejemplo, algunas personas visualizan iniciar el viaje pasando por una puerta, y pasan por ella de nuevo en su regreso al mundo "real" o terrenal. Otras imaginan comenzando a la entrada de un túnel, y regresando al final a través de él.

Volver sobre sus pasos es importante porque le indica a su mente que tiene intensiones de regresar al mundo terrenal, y debe hacer esto claro para que regrese por completo, y no con un pie en el otro mundo y un pie en la tierra. Cuando realiza la visualización guiada, su ser psíquico o espiritual, no su ser físico, es el que hace el viaje. Debe asegurarse de que el ser psíquico se reúna con el físico al final de la visualización. Si no se reconectan, podría sentirse desorientado, mareado, confundido, incompleto o con náuseas, por falta de una mejor palabra. Eliade dice que los chamanes son considerados un poco locos porque están simultáneamente en ambos mundos y por lo tanto nunca en ninguno completamente. Sin embargo, no se asuste —si realiza la visualización guiada y se pierde del camino, no va a convertirse en un chamán loco—. Si no puede regresar por completo de estos viajes, arregle la situación retornando a su visualización guiada a través de la puerta o la imagen que usó, visualizando que se reintegra a la parte de usted que fue dejada atrás, y regresando clara y deliberadamente por el camino que entró, seguido por una descarga completa una vez que esté de regreso.

Si en realidad le preocupa no poder regresar, ensaye el método de Teseo que vimos anteriormente en este capítulo. Cuando entre en la visualización guiada, ate una cuerda o hilo dorado a su puerta de entrada y el otro extremo en su muñeca. Si se pierde o desorienta, puede seguir el hilo a su sitio de partida. (He descubierto que el hilo es más confiable que un rastro de pan molido de *Hansel y Gretel*). Otra opción es que alguien permanezca con usted en la habitación mientras hace la visualización. Esta persona puede "llamarlo de regreso" guiándolo verbalmente a su punto de entrada.

También es importante que use el mismo punto de entrada y salida porque asegurará que su mente conozca bien el lugar y podrá llegar ahí con facilidad, especialmente si no llevó su hilo dorado. Esto hace mucho más sencillo que entre en su visualización y encuentre el camino de regreso. También significa que puede gastar menos tiempo y energía con su "inducción" (la parte inicial de su viaje que repite cada vez que viaja) y más en el verdadero viaje.

Establecer una visualización guiada

Para establecer una visualización guiada, primero debe decidir algunos aspectos particulares de su viaje, tales como la razón por la que viaja, su camino o destino, y a quién o qué le gustaría encontrar. Tenga presente que mientras viaja puede encontrar toda clase de cosas que no planeó. También debe decidir qué imagen le gustaría usar para su inducción, o transición entre el mundo material y su viaje. Puede utilizar las ideas de la puerta o el túnel, o crear las suyas.

Cuando haya escogido estos factores para su viaje, estará listo para iniciar. (Después de esta sección se muestra un ejemplo). El objetivo tiene tres partes: la inducción, que es la parte en la que entra en el trance y en la visualización guiada; el "cuerpo", donde hace lo que necesita hacer en la visualización; y el "cierre", donde sale de la visualización. En muchos casos, incluyendo el siguiente ejemplo, la inducción y el cierre son escritos con detalle, pero el cuerpo no. Esto es debido a que usted no puede planear todo lo que sucede en la visualización. Si pudiera, no habría caso en hacer el viaje.

Ponga por escrito el plan de su viaje. Podría grabarlo para usar su propia voz como guía en la visualización. Asegúrese de leer lenta y claramente, y haga una pausa después de la inducción y antes de que comience el verdadero viaje. Si no quiere grabarse, pídale a un amigo que grabe su inducción, o cuando llegue al viaje, haga que él o ella le lea la inducción, o simplemente imagine el punto de partida para usted mismo.

Los pasos para la visualización guiada son muy similares a los de una meditación:

1. Escoja un lugar tranquilo y seguro para hacer su trabajo. Desconecte o apague el teléfono. Ponga un letrero de "no molestar" en la puerta. Relájese.
2. Use una de las técnicas del capítulo 3 para descargar la energía, especialmente una que no requiera apoyos.
3. Cierre los ojos, si todavía no están cerrados. Prenda su grabadora, dígale a su amigo que empiece a leer, o comience a visualizar el punto de entrada en su viaje. Escuchar o imaginar la inducción de su historia debería servir de inductor de trance en la mayoría de

casos. Sin embargo, si tiene dificultad para trasladar su conciencia, haga la respiración completa mientras está escuchando.

4. Escuche la inducción. Véase en su puerta o túnel. Tome un momento para fijar ese lugar en su mente. Véase extendiendo la mano para tocar la puerta o túnel. Sienta cuán real es.
5. Una vez que la imagen de su punto de partida esté sólida en su mente y haya alcanzado un estado de trance ligero, inicie su viaje.
6. Mientras experimenta su visualizar, ponga especial atención a los detalles que ve, toca, huele, oye y prueba, y dígase a sí mismo que los recordará incluso después de que haya terminado el viaje y ya no se encuentre en estado de trance. A veces, la información que recibimos en la visualización guiada es sutil y está en las cosas pequeñas que encontramos, y no en las grandes.
7. Si encuentra a alguien en sus visualizaciones —ya sean humanos, dioses, hadas, elfos, espíritus animales, fantasmas, figuras folclóricas o cualquier otro ser—, ¡sea cortés! No toque ni acaricie lo que no quiera ser tocado o acariciado, o si alguien o algo le dice que deje quieto algo, hágale caso. Los seres que encuentra visualizando actúan en un plano diferente, y ahí la etiqueta es distinta. Si es respetuoso y toma el tiempo necesario para examinar una situación

para obtener indicaciones en cuanto a cómo debería comportarse, es más probable que los seres que encuentre le ayuden y sean receptivos a su regreso. Piense en esto como asistir a una cena ceremoniosa en un país extranjero, donde no sabe el idioma ni las costumbres, y se comporta de acuerdo a ello. Y nunca, nunca tome algo, a menos que sea evidente que se lo dieron. Después de todo, si estuviera en esa cena ceremoniosa, no se llevaría los tenedores. Los objetos tomados de reinos espirituales, y/o los dueños de esos objetos, tienden a regresar después para seguir al ladrón, así que es cuestión de sentido común además de etiqueta.

8. Cuando termine su viaje, regrese a su punto de partida. Traslade su conciencia al mundo "real", y descargue su energía. Como con la meditación y el trance, si cree que puede tener dificultad para regresar, pídale a un amigo que lo despierte lentamente de su trance al final, o prepare un reloj despertador para que suene a cierta hora. Sin embargo, ninguna de estas técnicas reemplaza la descarga. Siempre descargue su energía después de la visualización.

El siguiente es el ejemplo de visualización guiada. Para este ejemplo, asumo que grabará el texto o tendrá a alguien que se lo lea. Tenga en cuenta que las visualizaciones pueden ser más estructuradas, con casi todos los pasos coreografiados, o pueden ser mucho menos estructurados, consistiendo en una inducción, un tiempo para simplemente deambular y experimentar, y un regreso. Como con todo en la wicca, debe experimentar para ver qué nivel de detalle necesita incluir en su texto de visualización. Las pausas en el texto no son para leerlas en voz alta. También he indicado dónde empiezan y terminan la inducción, el cuerpo y el cierre, de modo que tenga un marco de referencia para crear su propio texto.

Ejemplo de visualización guiada

[Comienzo de la inducción]. *Cierre los ojos y relájese. Pausa. Respire profundamente. Relaje su cuerpo cada vez más con cada respiración, hasta que esté muy relajado, pero no dormido. Pausa. Entre lentamente en un estado de trance. Si es necesario, haga la respiración completa hasta que esté totalmente relajado y en trance.* Pausa.

Concéntrese en mi voz y mis palabras. Respire. Relájese. Pausa. *Va a hacer un viaje en su imaginación, el ojo de su mente. Para empezar, vea o imagine que está parado en el borde de un bosque espeso en la noche. Puede oír el susurro del viento en las hojas de los árboles, y una luna llena brilla arriba. Bajo la luz de la luna, puede ver claramente un camino que comienza justo frente a usted y lo conduce al bosque. A la derecha del camino, justo al inicio, hay una torre de piedras puestas una sobre otra. La torre tiene aproximadamente tres pies de altura, y las piedras que la forman tienen el tamaño de bloques de concreto. Sobre la torre hay un farol resplandeciente. Esta torre es su punto de partida y llegada para esta visualización. Tóquela y dese cuenta de que es real.* Pausa.

Empiece andando por el camino en el bosque. No lleve el farol, porque no lo necesitará. La luna ilumina su sendero, así que no tiene dificultad para encontrar su camino. Puede sentir la tierra blanda bajo sus pies. Los árboles son grandes y oscuros, pero este no es un bosque atemorizante; es de algún modo familiar, confortante. Sigue caminando hasta el centro del bosque. Pausa.

Pronto el camino conduce a un gran claro, iluminado por la luz de la luna. Puede ver luciérnagas en la hierba a lo largo del borde. En el centro del claro, hay una piedra grande y plana —suficientemente grande para que se siente en ella—. Camina en el claro y se sienta en la piedra, bajo la luz de la luna. Se da cuenta de que está en un lugar sagrado. Pausa. [Nota: este es el fin de la inducción —la parte de la visualización que lo lleva al trance y al lugar sagrado donde será hecho el trabajo—].

[Comienzo del cuerpo]. *Desde su lugar en la roca plana, ve a una mujer saliendo de los árboles. Mientras camina a través del claro hacia usted, observa que está usando un vestido blanco ondeante y una cinta plateada con una media luna sobre su frente. Es difícil decir qué edad tiene. Mientras se le acerca lentamente, usted no tiene miedo. En realidad, está lleno de esperanza, sabiendo que esta mujer tiene conocimiento o información para usted. La mujer se detiene frente a usted. Escucha lo que le dice.* Pausa larga. [Deje suficiente tiempo para que la persona que hace la visualización oiga el mensaje completo].

Cuando la mujer termina de hablar, usted le agradece. Ella da la vuelta y camina de regreso a través del claro hasta desaparecer entre los árboles una vez más. [Fin del cuerpo].

[Comienzo del cierre/salida de la visualización] *Cuando esté listo, párese y empiece a caminar a través del claro hacia el camino que tomó para llegar ahí. Cuando encuentre el sendero bajo la luz de la luna, empiece a caminar de regreso a su punto de partida. Mientras camina, recuerde los detalles del mensaje que le dio la mujer. Sigue caminando, disfrutando la noche cálida y el hermoso bosque. Pausa. Adelante, ve el resplandor del farol, y sabe que ya casi llega. Se acerca al borde del bosque y el farol encendido, y toca la torre de piedras. Cuando toca las piedras, retorna de inmediato y completamente al mundo terrenal.* [Fin del cierre].

Observe que en este ejemplo particular, lo que sucede en el claro es el trabajo de visualización, y las partes donde anda hacia y desde el claro están destinadas a entrarlo y sacarlo del trance. Haga esta visualización varias veces, y luego empiece a modificarla o a escribir la suya. Considere ir al claro y encontrarse a quien esté ahí o lo que esté ahí, en lugar de la mujer. O haga un hechizo usando la piedra plana en el claro como un altar. El único límite de sus posibilidades está en su imaginación.

Puede escribir las experiencias que tiene y los mensajes que recibe. Con el tiempo, es probable que surja un patrón de los mensajes, o tal vez se acoplen para formar un mensaje más grande. Además, como pasa con los sueños, puede ser difícil recordar detalles de una visualización después de regresar, y los pedazos recordados tienden a desaparecer con el tiempo. (Esto también ocurre en rituales. Lo llamamos "memoria de círculo" —que en realidad es "olvido de círculo"—). Si pone por escrito los detalles justo después de su visualización, es más probable que retenga la información.

Ahora que sabe algo acerca de las herramientas mentales básicas que sirven de base para la práctica wicca, es tiempo de profundizar en la práctica misma.

CAPÍTULO CINCO

EL CÍRCULO:
El espacio sagrado wicca

Los rituales y trabajos mágicos wicca son más a menudo realizados en círculos. El círculo es un espacio sagrado, al igual que una iglesia o templo, pero creado con energía y visualización. El círculo simboliza muchas cosas, pero una de las ideas más sostenidas es que es un espacio "entre" el mundo material y el espiritual, porque los wiccas caminan, trabajan y adoran en ambos. El círculo es un lugar donde existen los dos mundos y ninguno existe; es un lugar fuera del tiempo y el espacio.

¿Por qué necesita un círculo?

Además de demarcar el espacio sagrado, el borde del círculo funciona como una protección personal. Cuando trace el círculo, puede decidir lo que se permite o no entrar. Puede detener todo, o ser como una membrana semipermeable que sólo deja pasar ciertas cosas. Algunos wiccas forman círculos alrededor de sí mismos antes de hacer visualización o meditación porque creen que el círculo impedirá el paso de sonidos extraños y energías que podrían interferir con su trabajo. Otros creen que impide que entidades o energías negativas entren al espacio sagrado; en realidad, el espacio sagrado es espacio seguro. Esta idea tiene al menos una de sus raíces en la magia ceremonial. Cuando están invocando espíritus, los magos ceremoniales pueden ubicarse dentro del círculo para protegerse de lo que están llamando. También pueden estar fuera del círculo y hacer que el espíritu aparezca dentro de él, para su propia protección o para mantener al espíritu atado en un lugar. La mayoría de wiccas no trabajan con el tipo de espíritus que usted desearía contener (y algunos wiccas consideran rudo contener seres ultramundanos), así que esta aplicación no es relevante para nosotros, pero es bueno saberlo.

Los practicantes a menudo acumulan energía en rituales para hacer magia, y el círculo la mantiene en su lugar hasta que es liberada a fin de lograr el propósito para el que estaba destinada. Después de todo, no querría hacer el trabajo de generar energía sólo para que se esparza en todo el lugar antes de usarla. El círculo definitivamente retiene el calor —de los cuerpos de las personas que están en él, de las velas encendidas, de la energía, o de todo lo anterior—. Si extendiera la mano fuera del círculo durante un rito, notaría que el aire es más frío que adentro. El borde del círculo mismo también tiene una sensación energética. Sin embargo, no recomiendo sacar la mano del círculo. Cruzar el límite de un círculo antes de que éste sea "deshecho", se considera mala etiqueta, ignora lo sagrado del espacio, rompe la concentración, y puede crear un agujero en el círculo que dejará entrar (o salir) cosas que no pensaban los realizadores del ritual.

Esto puede también tener otros efectos extraños. En una ocasión, mi congregación estaba haciendo una visualización guiada (un pathworking) en círculo, y uno de los miembros, tendiéndose en el piso para relajarse, accidentalmente puso los pies fuera del círculo. Durante la visualización guiada, sus pies estuvieron fríos mientras el resto del cuerpo estaba caliente, y no pudo moverse porque se "pegaron" al suelo. No supo por qué no podía moverse hasta que terminamos la visualización y se dio cuenta dónde estaban sus pies. Esto no tuvo efectos negativos a largo plazo sobre él, excepto que nos burlamos por lo ocurrido.

Crear el círculo

Un círculo wicca puede ser trazado en el piso en casa con tiza, pintura o usando una alfombra redonda. Puede ser trazado en la tierra y/o formado con cosas naturales como harina de maíz o piedras si es al aire libre. Algunos círculos son muy vistosos, con símbolos mágicos hechos alrededor o dentro de ellos. Sin embargo, muchos círculos no tienen contorno físico; sólo son trazados con energía. Algunas tradiciones wicca tienen costumbres en cuanto a qué tan grande debería ser un círculo, pero muchos los crean lo suficientemente grandes para contener a todos los que participan en el ritual, o más pequeños para que se ajusten a la sala o el lugar donde el ritual será hecho.

¿Cuándo necesita un círculo?

Debe crear un círculo cada vez que vaya a hacer un ritual wicca que involucre adoración a dioses. De nuevo, esto es porque el círculo es un espacio sagrado. Aunque no tiene que usar un círculo en el trabajo mágico, como ya mencioné, ayudará a enfocar su concentración y energía y mantendrá a raya las distracciones. Tampoco tiene que usarlo durante la meditación o la visualización guiada, pero muchas personas se sienten más seguras haciendo el trabajo de trance con ese límite mágico alrededor de ellas. La elección es suya.

Preparar el espacio

Una práctica muy común entre los wiccas es "limpiar" el área donde van a hacer el ritual física y psíquicamente antes de trazar el círculo. Limpiar el espacio tiene varios beneficios. Primero que todo, es más respetuoso conducir un trabajo religioso o mágico en un espacio limpio físicamente. Es mejor trazar un círculo y enfocarse en un rito en un espacio que esté psíquicamente limpio y desprovisto de la energía indeseada acumulada a lo largo del día por discusiones, visita de la suegra, etc. Limpiar el espacio de antemano también ayuda a enfocar su mente en el ritual que se va a hacer. Para algunas personas, esta limpieza activa sus cerebros en "modo ritual" antes de que el círculo sea formado.

Empiece limpiando el espacio físico. Si su ritual va a ser al aire libre, quite lo que esté en el camino, como ramas, juguetes de los niños o herramientas de mantenimiento del césped, recoja las hojas y ramitas caídas y revise si hay algo con lo que podría tropezar. Si prefiere hacer el ritual descalzo, mire también si hay plantas espinosas. Si su ritual será dentro de la casa, mueva muebles si es necesario y limpie o barra el piso. Aspirar y barrer no sólo limpia el piso, también ayuda a dispersar energía. También es buena idea usar un limpiador ritual especial hecho de agua limpia y hierbas escogidas. Mezclar el limpiador es en sí un acto mágico. No ponga en él aceites esenciales, porque podrían remover el acabado de los entarimados.

Después, limpie el espacio psíquicamente. Hay muchas técnicas para hacer esto, pero las siguientes son unas de las más fáciles y comunes. Escoja la que parezca más apropiada para usted y su espacio.

- Barra cualquier cosa energética que no quiera en el espacio con una escoba ritual especial. No tiene que tocar el piso con la escoba, así que ésta puede ser usada en una habitación con alfombra o incluso afuera. Mientras barre, visualice la escoba removiendo energía extraña o indeseada. Esta técnica es muy común.

- Toque una campanilla especial en cada rincón de la habitación, o en cada dirección si se encuentra afuera. El sonido de una buena campana es bueno para dispersar energía. Las matracas también funcionan bien.
- "Ahumee" o purifique el área con un incensario lleno de hierbas secas ardiendo en rescoldo. En los Estados Unidos, con frecuencia se asocia la práctica de ahumar con la costumbre nativa americana de usar el humo de salvia del desierto para purificar un espacio o el aura de una persona. Muchas culturas usan humo o incienso para limpiar áreas rituales. Incluso la iglesia católica —a la que algunos de mis amigos católicos llaman la iglesia de las "campanas y fragancias"— usa incienso de purificación ritual. Usted puede usar la hierba de su elección, *pero asegúrese de saber lo referente a todas las hierbas antes de quemarlas*. Algunas de ellas son tóxicas, y no querrá aspirar su humo. (Vea títulos de libros sobre hierbas en la lista de lecturas recomendadas al final de este libro). Si está preparando un gran espacio ritual al aire libre y necesita mucho espacio, haga un incensario con un tarro de café viejo. ¡No es bonito, pero funciona! Haga varios agujeros en los lados del tarro con un destornillador o una herramienta más apropiada. (Cuando hicimos esto, estábamos en pleno desierto mexicano, y un destornillador

era todo lo que teníamos). Haga dos agujeros opuestos entre sí cerca del borde del tarro, y pase a través de ellos un alambre para hacer un asa, como el balde de arena de un niño. Asegúrese de que el asa sea larga para que quien sostenga el incensario no se queme las manos por estar demasiado cerca del material que quemarán en el tarro. Ponga carbones calientes en el fondo del tarro, y adicione un puñado de hierbas secas. Cuando las hierbas estén echando humo, camine alrededor de su espacio sagrado, balanceando el tarro suavemente para esparcir el humo. Agregue más hierbas cuando sea necesario.

- Rocíe el área con agua salada. La sal y el agua son usadas para purificación en culturas alrededor del mundo. Algunos rituales wicca requieren que agua salada sea rociada dentro del círculo durante el ritual, pero eso no significa que usted no pueda usarla también de antemano.
- Barra el espacio con un abanico de papel. El movimiento del abanico dispersa la energía estancada.
- Use la visualización para limpiar el espacio. Visualice el viento sacando cualquier residuo psíquico indeseado, incluso si está adentro. Después de todo, es una visualización, así que las leyes de la naturaleza no se aplican. También puede combinar la visualización con otra técnica de limpieza.

Lanzando el círculo

Lanzar el círculo real es más simple de lo que podría pensar después de todas estas preparaciones. Sin embargo, antes de llegar a las instrucciones, debe saber un poco acerca del athame —el cuchillo ritual de un wicca— y la varita. Veremos estas herramientas más a fondo en el capítulo 8. Usted puede trazar un círculo sin una herramienta, pero muchos wiccas usan un athame o una varita. El propósito de las herramientas en este caso es canalizar la energía generada en un punto, como un lápiz, con el cual se traza el círculo. No obstante, creo que es muy importante aprender a lanzar el círculo sin herramientas antes de aprender con herramientas. Si puede hacerlo sin ellas, lo hará en cualquier parte, y eso es práctico en caso de urgencia o cuando necesite hacer un hechizo o trance en el aire. Hacerlo sin herramientas también refuerza el hecho de que las herramientas son sólo puntos focales, y el verdadero poder viene de la energía generada y su propia mente.

Para lanzar un círculo:

1. Escoja un lugar para empezar lo que será el borde de su círculo. Muchos wiccas eligen iniciar en una de las direcciones cardinales: Este, Sur, Oeste o Norte. En el próximo capítulo hablaremos con mayor detalle de las direcciones y por qué podría escoger una u otra, pero para propósitos de aprendizaje, puede elegir la que quiera. La mayoría de wiccas empieza en el Este, porque es donde sale el sol, o el Norte, porque es asociado con la tierra, y el círculo es hecho

con poder terrenal. Sin embargo, no hay razón para que no comience en la parte del borde de su espacio que desee.

2. Descargue su energía.
3. Visualice su raíz central, y luego imagine que absorbe energía del núcleo de la tierra a través de la raíz.
4. Extienda los dedos índice y medio de la mano que prefiera, y visualice la energía fluyendo a esos dedos. Aunque algunos wiccas creen que se debe usar la mano dominante para esto (suponiendo que usted tiene una mano dominante), cualquier mano funciona bien.
5. Empiece a moverse en el sentido de las manecillas del reloj alrededor de su espacio y visualice la energía fluyendo a través de usted y formando el círculo. Muchas personas encuentran útil visualizar la corriente de energía con un color particular. Los wiccas casi siempre se mueven en el sentido de las manecillas del reloj porque imita la trayectoria del sol. Algunos creen que moverse en sentido contrario al de las manecillas del reloj, o "widdershins", "deshace" el círculo. Muévase lentamente, y concéntrese. Recuerde respirar profundamente. ¡No sostenga su respiración!
6. Cuando haya dado toda la vuelta alrededor del círculo y regresado a su punto de partida, deje de caminar y solidifique el círculo visualizando el margen completo en su mente. Cuando lo "vea" en su mente,

> extienda el círculo sobre su cabeza y debajo del suelo o piso para que sea una burbuja tridimensional alrededor de usted, en lugar de un círculo bidimensional en el suelo. Retenga la imagen en la mente unos momentos para reforzarla y hacerla real. Recuerde, la energía sigue al pensamiento, por eso la visualización es muy importante.

De esta forma acaba de lanzar un círculo sencillo. Una vez que haya practicado esto y lo domine, puede formar el círculo sin mover o usar los dedos. También puede practicar trazándolo con una varita o un athame.

Una vez que esté dentro del círculo, no cruce el límite; no querrá disipar la energía. Si necesita salir del círculo y volver a entrar, use los dos dedos que utilizó para trazar el círculo y corte una "puerta" en el margen. Cuando regrese, trace de nuevo la línea. Sin embargo, trate de no hacer esto si no es en caso de urgencia. Es difícil conservar la energía del círculo si sale de él, y esto perturba su atención en el trabajo que está haciendo en el círculo. Algunos wiccas consideran imprudente dejar vacío un círculo, caso en el cual debe entrar otra persona si el único ocupante sale.

Para deshacer el círculo al final del ritual, comience en el punto de partida y muévase alrededor del borde en sentido contrario al de las manecillas del reloj mientras visualiza absorber el círculo a través de sus dos dedos y descargarlo en la tierra a través de su raíz central. *No permita que la energía se quede en su cuerpo*. Regrésela a la tierra. Equilibre su energía después de deshacer el círculo.

En el siguiente capítulo, veremos las cuatro direcciones y los cuatro elementos, que los wiccas usan para reforzar sus círculos y su magia.

CAPÍTULO SEIS

LOS CUATRO ELEMENTOS Y LAS CUATRO DIRECCIONES

En el pensamiento wicca y mágico, la energía que está infundida en todo el universo puede ser dividida en cuatro elementos: tierra, aire, fuego y agua. Los elementos son los bloques de construcción de la vida; las fuerzas de la naturaleza y la creación. Si faltara uno, el mundo que conocemos no existiría.

Los practicantes de wicca trabajan con los elementos de muchas formas. Incorporan energía elemental en sus círculos, rituales y hechizos. Se sintonizan con los elementos para trabajar en concierto con los ritmos de la naturaleza.

También estudian los elementos para aprender más acerca de sí mismos y el mundo que los rodea. Algunos de los secretos del universo yacen en los elementos.

Cada elemento tiene su propia "sensación", su propia firma energética. Cada uno tiene también varias asociaciones o correspondencias, que son útiles en magia. La idea detrás de trabajar con correspondencias es el concepto de "semejante atrae semejante" que vimos anteriormente. El fuego atrae cosas asociadas con fuego, el agua atrae cosas asociadas con agua, y así sucesivamente. Por lo tanto, si su objetivo y una de las energías elementales tienen características en común, incorporar ese elemento en su hechizo o ritual reforzaría su esfuerzo. Puede parecer sorprendente cuántas cosas están asociadas con cada elemento, pero si piensa en la idea de que los elementos son los bloques de construcción de la vida, entonces no es algo tan reforzado.

La siguiente es una lista corta de correspondencias elementales. De ningún modo es completa, pues todo bajo del sol (y el sol mismo) tiene una correspondencia elemental. Sin embargo, es un buen comienzo para trabajar con los elementos y le dará un esbozo de cada uno.

El elemento tierra es femenino, sólido y estable. Corresponde al Norte; invierno y solsticio de invierno; los signos astrológicos Tauro, Virgo y Capricornio; medianoche; la oscuridad de la luna/luna menguante; vejez y/o muerte; fertilidad; dinero; estabilidad; bases; comida y sustento; y agricultura y jardinería. Algunos de los colores asociados con él son verde, negro, gris y café, y se asocia con el oso y el bisonte, entre otros animales. Los wicca a menudo usan rocas, cristales o sal para representar tierra en sus rituales.

El elemento aire es masculino, claro y cerebral. Corresponde al Este; primavera y al equinoccio de primavera; los signos astrológicos Géminis, Libra y Acuario; el amanecer; la luna nueva; nacimiento; juventud; iluminación; inspiración; comunicación; escritura; movilidad; computadoras y electrónica. Algunos de los colores asociados con él son amarillo y dorado y algunos de los animales son los insectos y las aves, especialmente águilas y halcones. En wicca a menudo se usa el humo de incienso o plumas para representar aire en sus rituales.

El elemento fuego es masculino, caliente (naturalmente) y energético. Corresponde al Sur; verano y al solsticio de verano; los signos astrológicos Aries, Leo y Sagitario; mediodía; la luna creciente; adolescencia; impetuosidad; pasión; vigor; creatividad; cólera; fuerza; luz y claridad; y transformación. Entre los colores asociados con él están el rojo y naranja y se asocia con animales que incluyen caballos y leones. En los rituales wicca se usa el fuego para simbolizarlo.

El elemento agua es femenino, purificador y curativo. Corresponde al Oeste; otoño y al equinoccio de otoño; los signos astrológicos Cáncer, Escorpión y Piscis; crepúsculo; la luna llena; edad adulta; emociones; el subconsciente, el otro mundo; transformación (como el fuego pero más lenta); misterio; compasión; secretos; y lo oculto. Algunos colores asociados con él son el azul y verde, y se asocia con animales que incluyen los peces y delfines. En sus rituales, se utiliza el agua para simbolizarlo.

Seres de los elementos

Muchos wicca creen que hay espíritus y seres ultramundanos que están asociados con cada elemento. La percepción de los espíritus, su apariencia, poderes o propiedades, varía dependiendo del practicante y/o su tradición.

En los antiguos grimoires mágicos, que en realidad son providencia de magos ceremoniales y no de wicca, los seres de la tierra son llamados gnomos, los seres del aire silfos, los seres del fuego salamandras, y los seres del agua ondinas. No es sorprendente que los gnomos tengan una energía sólida, y se cree que son los administradores de la tierra y guardianes de sus tesoros, como metales y minerales preciosos. Los silfos son ligeros y esquivos, y se cree que andan en el viento e inspiran nuevos pensamientos e ideas. Las salamandras viven en los carbones de la hoguera, y aumentan la pasión y la "chispa" creativa. Las ondinas son ágiles, llenas de gracia y misterio, fluyendo con el agua en la cual viven.

Algunos wicca usan el sistema mágico ceremonial y se dirigen a los seres de los elementos con esos nombres. Personalmente, no veo los seres elementales como gnomos, silfos, salamandras y ondinas, aunque ciertamente comparten rasgos con ellos. Para mí, los seres asociados con los elementos son más nebulosos, y sus formas y fuerzas más flexibles, pero no son menos poderosos. En mi percepción, no tienen la solidez (si podemos llamar sólido a un silfo) que los antiguos nombres dan a entender. No enseñamos la idea del gnomo/silfo/salamandra/ondina a nuestros estudiantes, pero pueden usar ese sistema si les funciona. Como dije, cada wicca experimenta los elementales a su propio modo. Si decide seguir el camino wicca, descubrirá su propia relación con los elementales.

Aquí también debo señalar que muchos wicca asocian ciertos dioses y diosas con cada elemento. Por ejemplo, la diosa céltica Brid podría ser una diosa del fuego porque es la diosa de la forja. Hay más acerca de los dioses en el capítulo 7, y después de que lea eso, tal vez querrá explorar esta idea por sí mismo.

Sintonizarse con los elementos

Muchos practicantes de wicca dedican bastante tiempo y se esfuerzan en explorar y alinearse con los elementos para mejorar su magia y los rituales. Los siguientes son ejercicios fáciles que puede hacer para empezar a sintonizarse con los elementos. En realidad, son tan fáciles que son casi evidentes. Ese es el punto, por dos razones. Primero, los elementos están en todas partes y en todo, así que *debería* ser sencillo entrar en sincronía con ellos. La segunda razón es que debido a que están en todas partes y en todo, los damos por descontados. A veces, cambiar nuestra percepción ligeramente y tomar la decisión consciente de reconocer más algo ubicuo, como los elementos, abre nuevas posibilidades frente a nosotros en nuestra vida cotidiana. Ensaye una o más de estas ideas:

Experimente los elementos en casa. Busque y liste todo en su vivienda que simbolice uno de los elementos para usted. Por ejemplo, la estufa, microondas, chimenea, calefacción, plancha, secador, tostadora, fósforos, encendedor, termostato, horno, cobija eléctrica e incluso el detector de humo, representan fuego. Una vez que haga su lista, reflexione en por qué escogió esas cosas. ¿Qué tienen en común? ¿En qué se diferencian? Repita el procedimiento para los otros tres elementos.

Experimente los elementos al aire libre. Visite un lugar natural que contenga o simbolice a uno de los elementos. Por ejemplo, podría ir a un jardín, bosque o caverna para tierra; un risco con mucho viento para aire; o un arroyo, lago u océano para agua. Si no encuentra un lugar ardiente apropiado (yo vivo cerca de un volcán; tal vez usted no sea tan afortunado), una gran alternativa es una hoguera en un sitio lejos de la gente y el ruido de la ciudad. Relájese y equilibre su energía en el lugar que escogió. Cierre los ojos, a menos que no sea seguro. Aspire profundamente. Use todos los sentidos posibles para experimentar el elemento. Vea si puede tocarlo (no el fuego, por supuesto, aunque puede pasar la mano cerca de él y sentir el calor), olerlo, oírlo y probarlo. Pase suficiente tiempo en su sitio elegido para hacer una conexión real con el elemento. Después ponga por escrito sus percepciones. Repita esto con los otros tres elementos.

Experimente los elementos en su mente. Lleve a cabo una visualización guiada donde visite cada elemento y aprenda de él. Por ejemplo, viaje al fondo del mar o la superficie del sol. Registre su experiencia, y repita para los otros tres elementos. Las instrucciones para crear esta clase de visualización están en el capítulo 4.

Experimente los elementos a través de las estaciones. Tal vez observó en la lista de correspondencias que cada elemento está asociado con una estación. Para los practicantes de wicca, el ciclo de las estaciones a lo largo del año es una de las cosas más importantes que el elemento simboliza. Como verá en el capítulo 9, las celebraciones wicca están basadas en los ciclos estacionales. Para sintonizarse con los elementos y las estaciones al mismo tiempo, empiece escogiendo uno de los solsticios o equinoccios. Desde ese día hasta el siguiente solsticio o equinoccio, haga un esfuerzo consciente para observar y sentir cómo funciona el elemento asociado en su vida y cómo se alinea con la estación correspondiente. Por ejemplo, comience a examinar la primavera y el aire, por separado y juntos, iniciando en el equinoccio de primavera, y siga hasta el solsticio de verano, cuando trasladará su atención al verano y el fuego. Continúe el ciclo a través del año. Registre lo que descubra.

Las direcciones

Además de ser asociado con una estación, cada elemento se relaciona con una dirección cardinal. Tierra es Norte, aire es Este, fuego es Sur, y agua es Oeste. Las cuatro direcciones, también llamadas los cuatro cuartos y son parte integral del ritual y la magia wicca.

Si visualiza un círculo mágico, como el que aprendió a trazar en el capítulo 5, y ubica los cuatro cuartos en sus debidos lugares alrededor de él, el círculo se convertirá en un microcosmos del universo. Todos los elementos de la vida están presentes. Si empieza en el Este y se mueve en el sentido de las manecillas del reloj alrededor del círculo, pasa del amanecer al mediodía, crepúsculo y medianoche, el ciclo de un día; de la luna nueva a luna creciente, luna llena y luna menguante, el ciclo de la luna —un mes—; de la primavera al verano, otoño e invierno, el ciclo del sol —un año—; y del nacimiento a la adolescencia, adultez y vejez, el ciclo de una vida humana.

Debido a que los practicantes se esfuerzan por trabajar con patrones naturales, ellos "evocan" las direcciones en sus círculos rituales. Al hacerlo, traen a su microcosmos el ciclo de las estaciones y todos los bloques de construcción de la vida. Si aprueba la idea del círculo como un espacio "entre los mundos", entonces está uniendo los mundos material y espiritual y manifestando su voluntad en el plano espiritual. Introducir las direcciones en el círculo da fuerza al ritual o la magia, y muchos wicca no construirían un círculo sin ellas.

Evocando las direcciones

Los wicca a menudo evocan las direcciones en el ritual justo después de que el círculo es trazado. Con frecuencia, forman el círculo y luego se mueven alrededor de él dos veces más, rociando agua salada una vez y llevando incienso ardiente la otra. Esto trae los cuatro elementos al círculo, pues el agua salada representa tierra y aire, y el incienso ardiente representa fuego y aire. Si los elementos ya están ahí antes de que las direcciones sean llamadas, es más fácil llamarlas porque semejante atrae semejante. Para aclarar: los elementos y las direcciones no son lo mismo. Sin embargo, están ligados estrechamente por simbolismo. En cuanto a si los elementos representan las direcciones, las direcciones representan los elementos, o ambos, tendrá que decidir por sí mismo. Existen creyentes para los tres enfoques.

Antes de evocar las direcciones, debería saber un poco acerca del símbolo de los hechiceros: el pentagrama. Un pentagrama es una estrella de cinco puntas; cuatro de las puntas representan los elementos, y la quinta representa al espíritu o divinidad, que los une a todos. Si el pentagrama está en un círculo, como se ve en muchas joyas wicca, representa los cuatro elementos y el espíritu rodeados por el círculo mágico. También he oído decir que el pentagrama es la mano humana y las puntas son los dedos, así que en este caso representa el potencial humano. El pentagrama ha sido asociado con el satanismo y toda clase de cosas repugnantes por guionistas de Hollywood y otros que no tienen idea de lo que dicen, pero en realidad es un símbolo poderoso y positivo de creación y vitalidad.

Cuando evoque las direcciones usando el siguiente método, trazará un pentagrama de invocación en el aire en frente de usted en cada dirección, usando los dedos o un athame como lo hizo para trazar un círculo en el capítulo 5. Un pentagrama de invocación es usado para llamar o invitar la energía de la dirección al círculo. Así como lo hizo con el círculo, se visualizará absorbiendo energía de la tierra e inscribiendo el pentagrama con la energía y sus dedos o el athame. Aunque un pentagrama es un pentagrama, es trazado de manera distinta en cada dirección. Por ejemplo, para trazar un pentagrama de invocación para tierra, empieza en la punta superior, baja por la izquierda y luego sube y traza por la derecha; para fuego, empieza en la punta superior, baja por la derecha y luego sube y traza por la izquierda, y así sucesivamente.

También hay un pentagrama de "destierro" para cada dirección que trazará cuando deshaga el círculo. Los pentagramas de destierro están destinados a "liberar" o "despedir" la energía de la dirección. Personalmente, no me gusta la palabra destierro porque es grosera. Después de todo, las direcciones y los elementales están ayudándonos, y no debemos echarlos del círculo o enviarlos a la cama sin la cena cuando terminemos. Pero destierro es el término comúnmente aceptado, por eso debería saberlo. Podría llamarlos pentagramas de "hola" y "adiós", pero eso suena mucho menos misterioso. El siguiente diagrama ilustra cómo trazar los pentagramas.

Algo más antes de inicial con el método: si no puede recordar las ocho formas distintas de trazar los pentagramas, hay una manera de "hacer trampa". Use el pentagrama de invocación de tierra en cada dirección cuando haga la

Pentagramas de invocación

Pentagramas de destierro

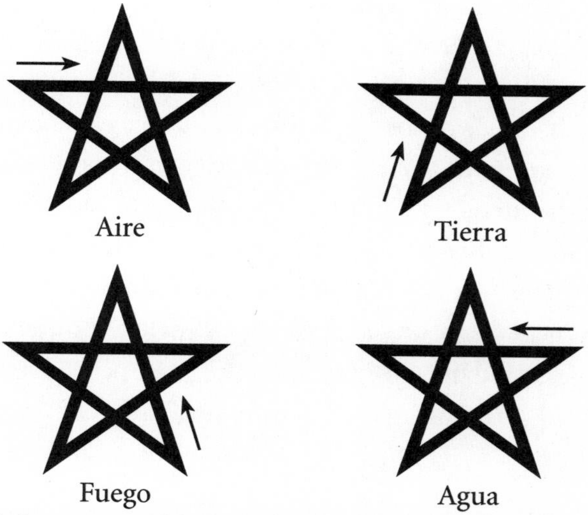

Las flechas muestran el punto en el cual iniciar y la dirección para trazar.

evocación, y el pentagrama de destierro de tierra en cada una cuando esté deshaciendo el círculo. Varios grupos con los que he trabajado han hecho esto, y funciona muy bien. El asunto no es si puede o no recordar ocho pentagramas diferentes; es su voluntad, visualización y propósito lo que importa.

Hay muchas formas de evocar las direcciones dentro del círculo. El siguiente es un método fácil:

1. Limpie el espacio ritual, equilibre su energía y trace el círculo como aprendió en el capítulo 5.
2. Párese en su círculo, mirando hacia fuera, en una de las direcciones. La mayoría inicia en el Norte o el Este, por razones que expliqué en el capítulo 5. Para este ejemplo, voy a suponer que usted comienza en el Este.
3. Trace su pentagrama de invocación de aire con los dedos o el athame. Visualice la energía fluyendo de la tierra, a través de su cuerpo, bajando por su brazo hasta los dedos o el athame. Visualice el pentagrama formándose en el aire mientras lo traza. Puede ver la energía como un color específico. Muchos usan amarillo para Este, rojo para Sur, azul para Oeste, y verde para Norte. En mi grupo, usamos blanco para las cuatro direcciones. Use el color(es) que tenga sentido para usted.

4. Aunque está "llamando" la dirección con su energía, también puede llamar verbalmente. Esto no es esencial o requerido, y a veces las mejores llamadas de direcciones son completamente silenciosas. Sin embargo, la mayoría de los wicca dicen algo en voz alta. Usted puede decirlo mientras está trazando el pentagrama, o, si eso es demasiado difícil de hacer al mismo tiempo de la visualización, dígalo justo después. Puede ser tan simple como "bienvenidos, poderes del Este", "poderes del aire, vengan a nosotros esta noche", o "los llamo, poderes del Este, para que se unan/protejan a nuestro círculo". La llamada de la dirección puede ser, y frecuentemente es, un poema corto que contiene imágenes que el wicca asocia con la dirección que está llamando. A veces la rima es útil porque tiene un patrón, y la cadencia induce un trance ligero mientras las palabras evocan imágenes en la mente de quien las dice. Sin embargo, he oído mucho del abuso de la poesía hecho para llamar la dirección, así que si cree que no puede escribir algo elocuente que no lo haga fracasar en medio de su llamada, decídase por lo sencillo. Hay ejemplos de llamadas de direcciones en muchos libros wicca, incluyendo trabajos de Scott Cunningham y Starhawk, pero lo animo a escribir las suyas. Significarán más para usted, y podrá imbuirlas de más energía.

5. Cuando termine de trazar y hablar, pase unos momentos visualizando el pentagrama brillando fuertemente frente a usted. Si puede hacerlo al mismo tiempo, trate de visualizar o sentir algo que asocie con la dirección/elemento, tal como ver un águila o sentir el viento soplando sobre su cara. No es fácil tener dos visualizaciones a la vez, pero si dedica el tiempo para lograrlo, aumentará mucho la energía de su llamada.
6. Continúe con el Sur. Trace un pentagrama de invocación de Sur/fuego y diga su invocación. Visualícelo; hágalo real. Siga con el Oeste/agua y el Norte/tierra.

Cuando termine su ritual o magia, y antes de que se ocupe del círculo, debe "desterrar", liberar o despedir las direcciones. Para hacer esto:

1. Empiece en la dirección donde inició.
2. Haga el pentagrama de destierro para el elemento apropiado, visualizando la energía dispersándose.
3. Diga algo como "poderes del Este, gracias por venir, y adiós", o invente su propia afirmación. Trate de despedirse mientras está trazando el pentagrama de destierro, pero como pasa con la llamada, si no puede hacer eso, dígalo justo después.
4. Visualice el pentagrama desapareciendo.
5. Pase a la siguiente dirección, y repita. Aquí tiene dos opciones. Puede avanzar en el sentido de las manecillas del reloj, como lo hizo durante la llamada, o

moverse en sentido contrario. Como mencioné anteriormente, algunos creen que moverse en sentido contrario al de las manecillas en el círculo "borra" el círculo, pero debido a que de todos modos lo está deshaciendo, puede ser conveniente aquí. En realidad, algunos se empeñan en moverse en sentido contrario al de las manecillas cuando destierran las direcciones. De nuevo, experimente con las dos formas, y haga lo que sienta apropiado para usted.

La pirámide de los hechiceros

La pirámide de los hechiceros es un principio mágico o filosofía que se relaciona estrechamente con las direcciones. La pirámide contiene cuatro afirmaciones que expresan lo que debe hacer para realizar magia efectiva y ser un verdadero wicca o hechicero. Cada afirmación es asociada con una dirección, y cada dirección es representada como una grada o nivel de la pirámide. Muchos hechiceros estudian y trabajan en cada una de las cuatro afirmaciones en un esfuerzo por dominar su arte. Avanzan de la grada inferior (Este), que es considerada por muchos como la más fácil, hacia arriba a través del Sur, Oeste y finalmente al Norte, que es a menudo el nivel más difícil. Aquí hablo brevemente de los niveles de la pirámide de los hechiceros porque usted está explorando las direcciones. Más información se encuentra en algunos de los libros de la lista de lecturas recomendadas.

Este —*Conocer.* Esta es la base de la pirámide. El aire está ligado al conocimiento. Para hacer magia, los wicca deben conocer su voluntad, propósito, recursos y corazón. También deben saber que su magia o ritual funcionará. Aquí es donde se pregunta si la wicca es apropiada para usted.

Sur —*Atreverse.* Este es el nivel "atemorizante" de la pirámide. El fuego está ligado al valor. Para hacer magia y ser un wicca, tiene que atreverse. Debe atreverse a cambiar, a ser exitoso, a ser diferente, a ser fuerte. Aquí es donde se pregunta si tiene el valor de seguir el camino que escogió.

Oeste —*Querer.* Para hacer magia y ser un wicca, debe conocer su voluntad. El agua está asociada al conocimiento interior y el subconsciente. Este nivel tiene que ver con reunir su poder y asegurarse de que su objetivo está alineado con su voluntad o propósito en la vida. Aquí se pregunta si tiene el enfoque, la fuerza y la convicción para continuar, y si continuar sirve a su mayor propósito.

Norte —*Guardar silencio.* Muchas personas, incluidos los wicca, son habladoras por naturaleza, por eso este nivel de la pirámide es a menudo el más difícil. La tierra es asociada con el silencio y la muerte. Guardar silencio significa no hablar con otros de su trabajo mágico o el trabajo espiritual interior que hace. Un antiguo principio mágico dice que hablar de la magia la disipa. Desde luego, guardar silencio para un wicca también tiene que ver con seguridad. Tal vez usted quiera vociferar acerca de su religión desde los tejados, pero hasta que la wicca

> sea aceptada por completo en nuestra sociedad, podría arriesgarse a perder su trabajo, familia, hogar y mucho más. En la wicca, por estas razones, la discreción es la mejor parte del valor. Aquí es donde se pregunta si puede guardar su magia para sí mismo, y si puede seguir un camino espiritual que tal vez no pueda discutir con su familia y amigos por el miedo a la repercusión.

Ahora que tiene las herramientas básicas tales como descargar (equilibrar la energía) y protección (escudar), y sabe cómo crear un círculo y evocar las direcciones, es tiempo de conocer a los dioses.

CAPÍTULO SIETE

LOS DIOSES WICCA

En la wicca, lo divino, o divinidad, es más grande que la creación, y sin embargo es creación. Es inmanente en todas las cosas, pero también está distante y más allá de nuestra comprensión; es demasiado enorme para comprenderlo en su totalidad, pero podemos empezar a experimentarlo a través de nuestra relación con los dioses, quienes son facetas de lo divino. Como mencioné brevemente en el capítulo 2, los dos aspectos principales de la divinidad relacionados con la wicca son simplemente llamados la Diosa y el Dios. Son las "mitades" femenina y masculina de lo divino. En el pensamiento wicca, la unión de la Diosa y el Dios crea el universo. La relación entre la Diosa y el Dios es simbiótica.

Al igual que la oscuridad y la luz, cada mitad necesita la otra para expresarse plenamente. El Dios representa, entre otras cosas, poder inmanifiesto; la chispa de la vida. La Diosa le da forma a este poder.

¿Son los dioses entidades reales, sensitivas e independientes? ¿Son máscaras que los humanos ponen a la divinidad para comprenderla mejor, como lo sugiere Joseph Campbell? ¿Son arquetipos —símbolos para temas universales que tienden a surgir del mismo modo a través de las culturas—? ¿Son formas de pensamiento que han tomado energía mientras la gente las ha venerado a través de los años? ¿Son simplemente facetas de nuestra propia psique? Muchos wicca le dirían que los dioses son todas esas cosas —que de ningún modo son mutuamente exclusivas— y más.

La idea de una polaridad femenina y masculina, que es lo que son la Diosa y el Dios, es un poco abstracta, pero los dioses wicca —los aspectos que la wicca pone en los dos lados de la polaridad— no son abstractos para quienes trabajan con ellos. La religión wicca tiene un respeto y amor profundo por sus dioses, pero no les temen ni piden favores. Trabajan con sus dioses en una asociación recíproca. Debido a que en la wicca cada persona es su mejor sacerdotisa y nadie se interpone entre ella y los dioses, los wicca tienen la responsabilidad y el honor de forjar por sí mismos vínculos con los dioses. La relación de un wicca con los dioses puede ser muy íntima y de confianza. Esto no significa que los wicca invitan a Thor y Freya a tomarse unas cervezas mientras ven el Super Bowl (el juego final del fútbol americano) y comen Doritos, sino que hablan directamente con ellos, trabajan con ellos y los conocen en un nivel que no es tan fácil de alcanzar en el marco de una religión grande o popular.

Entonces, ¿quiénes son los dioses wicca?

La Diosa

La Diosa wicca es la madre de todas las cosas. Ella es la tierra, que nos da nacimiento, sostiene y recibe de nuevo en la muerte. Es la fuente de fertilidad y abundancia; es la gran madre protectora, pero, debido a que todas las cosas deben morir, también representa muerte, que es necesaria para el renacimiento. La luna es el símbolo de la Diosa. Al igual que la luna, que tiene sus fases creciente, llena, menguante y nueva, la Diosa tiene muchos aspectos. Es enérgica y llena de potencial como la primavera, madura y fructífera como el verano, mayor y sabia como el otoño, y oscura y silenciosa como el invierno. Algunos wicca creen que la Diosa tiene tres aspectos —doncella juvenil, madre fértil y anciana sabia—, y que muestra cada uno de estos aspectos a medida que avanza el ciclo del año. Otros, como yo, creen que posee y muestra estos atributos todo el tiempo. Ella es el principio constante, eterno y femenino. Algunos de sus símbolos son la luna, el cáliz, el calderón, los búhos, las vacas, la leche, la plata, las flores, las conchas y las perlas.

El Dios

El Dios, a veces llamado Dios cornudo, es el gran cazador, el señor y administrador de los animales y bosques. A menudo es mostrado con cuernos para indicar su afiliación con las criaturas de la tierra. Es feroz y cruel, sabio y amable. El sol es el símbolo del Dios, y como el sol, sin el cual la tierra (y Diosa) sería estéril, el Dios es el principio energético. El Dios también representa sexo y el impulso de la vida. Muchos en la wicca asocian al Dios con el ciclo agrícola: es la chispa de la vida que hace que la semilla brote en el suelo frío, la planta que emerge de la tierra, el grano maduro y la cosecha. También es el señor del inframundo que cuida las almas desde el momento de la muerte hasta que están listas para el renacimiento. Algunos de los símbolos del Dios son falos y objetos fálicos, tales como lanzas, espadas, flechas y varas. Otros símbolos del Dios son el color dorado, los cuernos o cornamenta y el venado, las serpientes, las semillas y los granos maduros, y la hoz.

La Diosa y el Dios juntos

La Diosa es la madre y amante del Dios. En los mitos de la mayoría de los practicantes, la Diosa da a luz al Dios, él madura, hacen el amor y queda embarazada, él muere y renace de nuevo de ella. La existencia del Dios es cíclica, como los granos, los animales y los humanos que él cuida, y la existencia de la Diosa es constante, como la tierra debajo de nuestros pies. Los dos están por siempre entrelazados en todos los misterios de la vida, muerte y renacimiento.

Presentándose ante el Dios y la Diosa

Comunicarse directamente con el Dios y la Diosa es una de las mayores alegrías y responsabilidades de un wicca. No necesita ir a una iglesia o a un lugar sagrado para hacer esto, pues todos los sitios son sagrados para ellos. El siguiente es un ritual sencillo para presentarse a la Gran Madre y el Dios cornudo. Puede incluirlos a ambos en un ritual, o, si lo desea, hacer rituales separados para cada uno. Simplemente modifique las instrucciones de acuerdo a ello. Necesitará un athame si tiene uno, una vela blanca o plateada, una vela roja o dorada, candeleros para ambas velas, fósforos o un encendedor, flores y bellotas.

1. Limpie y despeje su espacio ritual.
2. Descargue su energía.
3. Lance un círculo. No llame las direcciones; la atención debe estar en los dioses.
4. Siéntese en el centro del círculo en el piso, con las velas en los candeleros en frente de usted. Encienda la vela blanca o plateada, ponga las flores junto a ella, y diga algo como:

    Enciendo ésta para ti, Gran Diosa, Señora de la luna, Madre de todas las cosas. Mi nombre es _______, y he venido aquí para traerte esta ofrenda de flores, conocerte mejor y buscar tu sabiduría.

    Tenga en cuenta que no está llamando a la Diosa al círculo. Hará eso después en el capítulo. Simplemente está hablándole.

5. Dígale a la Diosa algo acerca de sí mismo: por qué está buscándola, qué le gustaría aprender, por qué es un wicca, etc.
6. Cuando termine de hablar, cierre los ojos y relájese. Respire profundamente. Contemple la Diosa y su relación con ella. Pueden formarse imágenes en su mente. Ponga especial atención a ellas, porque son el mensaje de la Diosa. Si no sucede nada, o si no "sintió" a la Diosa, ¡no se preocupe! Encendiendo la vela y afirmando su propósito, se ha dado a conocer. Tal vez reciba un mensaje posteriormente en sus sueños o visiones, pero lo importante es que se ha hecho conocer. Es probable que necesite hacer este ritual más de una vez para sentir que ha hecho contacto en el nivel que le gustaría. Eso está bien. Hay wicca experimentados que también hacen cosas como ésta para reconectarse, aunque hayan seguido el camino durante décadas. Sea paciente; recuerde que no sólo el Dios cristiano trabaja con los caminos misteriosos. A menudo, con los dioses wicca las cosas ocurren cuando están destinadas a hacerlo, y eso no es necesariamente en su programa predeterminado.
7. Cuando las imágenes se vayan o sienta que está listo, abra los ojos y diga algo como:

   Gracias, Gran Diosa, por tu don de sabiduría.

8. Encienda la vela dorada o roja, ponga las bellotas junto a ella, y diga algo como:

   Enciendo esto por ti, Gran Dios, Señor del sol, Señor del bosque. Mi nombre es _________, y he venido aquí para traerte esta ofrenda de bellotas/piñas, conocerte mejor y buscar tu sabiduría.

9. Observe que, como con la Diosa, no está llamando al Dios al círculo. Hará eso más adelante en el capítulo. Simplemente está hablándole.

10. Dígale al Dios algo de sí mismo: por qué está buscándolo, qué le gustaría aprender, por qué es un wicca, etc.

11. De nuevo, cierre los ojos y relájese. Respire profundamente. Contemple el Dios y su relación con él. Pueden formarse imágenes en su mente. Ponga especial atención a ellas, porque son el mensaje del Dios. Como con la Diosa, si nada sucede ¡no se preocupe! Lo importante es que se ha hecho conocido para el Dios. Podría recibir un mensaje retardado o una pequeña señal después mientras realiza su rutina diaria. Observe que también puede tener un mejor contacto con el Dios que con la Diosa, y viceversa. Esto ocurre por varias razones, incluyendo que se identifica más con la divinidad de un género o el otro, o que el símbolo para uno de ellos resuena con usted más claramente.

12. Cuando las imágenes se vayan o sienta que terminó, diga algo como:

    Gracias, Gran Dios, por tu don de sabiduría.

13. Párese, deshaga el círculo y equilibre su energía descargando el exceso. Si es posible, coja las velas encendidas, flores y bellotas o piñas, y póngalas en un lugar especial o en su altar (vea el capítulo 8). Si puede, deje las llamas prendidas un rato. De otra manera, apague las velas. Para profundizar o ampliar la experiencia, puede hacer el ritual de nuevo posteriormente con las mismas velas y adicionando otros elementos.

Los "otros" dioses

Por un momento piense en un árbol con un tronco grueso que se divide en dos grandes ramas. Ramas más pequeñas crecen en las grandes, y en ellas salen ramas aun más pequeñas, y así sucesivamente. La divinidad es el tronco del árbol, y el Dios y la Diosa son las dos ramas principales. Las ramas más pequeñas que se derivan de las dos grandes son los dioses y diosas del mundo; son facetas de la mitad masculina o femenina de la divinidad. Observe que hay unas deidades que son andróginas y no se ajustan fácilmente a una categoría de género, pero la mayoría son masculinas o femeninas, al menos parte del tiempo.

Además de trabajar con el Dios y la Diosa, la mayoría también trabajan con una o más de estas facetas o aspectos de lo divino masculino o femenino. Por ejemplo, un wicca puede pedirle a la diosa griega Afrodita que le ayude con un ritual diseñado para atraer el amor, o llamar a la diosa egipcia Bast para un ritual que pretende encontrar un gato perdido. Afrodita y Bast son aspectos de la Gran Diosa, aunque aspectos muy distintos, de diferentes culturas y épocas.

Si es un nuevo practicante, probablemente deberá trabajar sólo con el Dios y la Diosa wicca en el ritual por un tiempo. De esa forma, conocerá los dioses específicos, practicará sus habilidades rituales, y tendrá una idea de cómo se "siente" un ritual antes de que llame una diosa o dios diferente. Algunos wicca nunca acuden a otros dioses y simplemente se aferran a la Diosa y el Dios. Más adelante en este capítulo hay unas ideas de cómo familiarizarse con los dioses y llamarlos en un círculo ritual.

Deidades personales

Muchos practicantes de la wicca tienen deidades personales —además del Dios y la Diosa— con las que trabajan frecuentemente. Llaman a estos patronos (o matronas) para cada ritual que hacen, o crean santuarios para ellos en sus casas. Otros, como en mi ejemplo anterior, acuden a dioses o diosas con atributos particulares de vez en cuando para que los ayuden con ciertos rituales.

La elección de los dioses con los que se trabaja en el círculo es muy personal. Nadie puede decirle con cuáles armonizará y a quiénes conocerá más fácilmente. Los dioses célticos, griegos, romanos, nórdicos y egipcios son quizás los más populares entre los wicca, pero sus deidades pueden no pertenecer a alguna de estas culturas.

Una de las mejores formas de encontrar sus dioses y diosas es leer extensamente sobre mitología. Hay sugerencias mencionadas en la lista de lecturas recomendadas al final de este libro. Mientras lee pregúntese, ¿qué temas o historias se conectan con usted? ¿Qué deidades tienen rasgos que le gustaría atraer a su vida? ¿Qué deidades, en sus historias, lidiaron con un problema similar al suyo, o tuvieron experiencias similares a las suyas? ¿Qué deidades "llaman su nombre" mientras usted lee? En lugar de escoger un dios, puede trabajar con un panteón. Un panteón es el grupo completo de dioses asociados con una cultura, por ejemplo, los dioses griegos.

Si le atrae un panteón en particular, una forma de llegar a conocer esos dioses, o tal vez encontrar el dios con el que se sienta más conectado, es visitar los sitios sagrados de ese panteón. Esto no siempre es posible debido al dinero o restricciones logísticas, pero si tiene los recursos para hacerlo, lo recomiendo. Es mucho más fácil tener una sensación de los dioses en sus lugares sagrados que en lecturas. Si visita un sitio, ¿qué siente? ¿Experimenta imágenes o sensaciones? ¿Qué le dice el lugar?

Si tiene la fortuna de vivir en una ciudad con museo, otra forma de averiguar si una cultura o panteón particular lo llama, es ir a exposiciones de arte de diferentes culturas. ¿Hay algo familiar en un arte? ¿Le habla a usted de algún modo? Eso podría ser una indicación para examinar la mitología del pueblo que la creó. Esto funciona de la misma forma que la música. Escuche música de culturas alrededor del mundo, y vea si alguna resuena con usted. Si lo hace, investigue la mitología de esa cultura.

Otra forma de encontrar sus dioses y diosas es examinar su árbol genealógico y la mitología del país o cultura de origen de su familia. Si es irlandés o escocés, los dioses célticos podrían conectarse con usted. Si es afroamericano, examine las deidades de África. Los dioses de su línea de sangre pueden llamarlo.

Para complicar más las cosas, a veces —en realidad, a menudo— un dios o diosa lo escogerá en lugar de ser lo contrario. Esta puede ser una experiencia profunda e incluso un poco atemorizante en ocasiones. Sabrá que esto le sucede si empieza a encontrar muchas cosas o símbolos asociados con la deidad en su vida cotidiana o en sueños y meditaciones. Estos símbolos pueden surgir repentinamente en una conversación, al ver televisión o en otros lugares. Conozco una practicante que empezó a ver búhos por todas partes. En un corto tiempo, ella vio uno vivo en un árbol e imágenes de ellos en joyas, pintados en avisos de publicidad e incluso en un anuncio en el autobús. Estaba hojeando una revista en el consultorio y por casualidad la abrió en un artículo sobre búhos; estaba mirando diferentes canales en la televisión y se topó con un documental sobre estas aves. ¡Empezó a sentir que era acechada por búhos! Como resultado, aceptó la 'sugerencia' e investigó dioses y diosas asociados con ellos.

Incluso podría ver en sueños la deidad que lo ha escogido. A veces no se molestan en dar señales sutiles y simplemente se dan a conocer en formas vistosas difíciles de ignorar. Después de todo, son los dioses.

Cómo conocer a los dioses

Al igual que las personas, los dioses tienen cosas favoritas. Como ya mencioné, también tienen ciertos símbolos y mitos asociados con ellos. Conocer las deidades significa conocer estas preferencias, símbolos y mitos. Muchos dioses están ligados a animales, plantas, colores, días de la semana, estaciones, inciensos, música, gestos, ropa, joyas, piedras, alimentos y mucho más. Es importante aprender de estas cosas además de leer los mitos, porque los símbolos y las preferencias son lo que harán que los dioses se sientan bienvenidos en su círculo. Si puede, considere aprender una canción del país de origen del dios para usar en su ritual. También puede aprender algunas palabras de la lengua hablada por sus adoradores originales. Si penetra en la lengua de un pueblo, empezará a tener una idea de cómo piensan, y eso puede echar luz sobre los conceptos que tienen de la deidad. Aprendí algo de irlandés para trabajar con una diosa céltica, y usar más palabras irlandesas en ese círculo pareció hacer la energía de la diosa más concentrada y palpable. He visto una diosa mexicana invocada en una cabaña yaqui en español y nahuatl con el mismo resultado.

Además de hacer que los dioses se sientan bienvenidos, explorar cada una de estas cosas lo sintoniza más con ellos. Si no puede encontrar información sobre los elementos asociados con una deidad particular, trate de investigar la cultura de la que proviene el dios. ¿Qué puede averiguar del pueblo que adora (adoró) a esta divinidad particular? ¿Qué dice eso acerca de la deidad? También puede hacer un viaje de visualización dirigida para encontrar el dios/diosa y pedir más información.

Una vez que determine qué cosas están asociadas con el dios/diosa con quien le interesa trabajar, puede juntar algunas de ellas para usarlas en el ritual o crear un altar específicamente para él o ella. Por ejemplo, la diosa nórdica Freya es famosa por su collar ambarino, es asociada con gatos y cerdos, y a veces es mostrada usando casco y peto. Usted puede incorporar algunas de estas cosas a su ritual o el altar, o usarlas como inspiración para otros símbolos a incluir. Meditar en frente del altar de su deidad especial es una buena forma de sintonizarse con la energía de la divinidad que ha escogido, y le demuestra que usted es serio y respetuoso. Hay más información sobre altares en el capítulo 8.

Cuatro puntos de etiqueta

Hay cuatro cosas adicionales que debería saber acerca de trabajar con los dioses. Primero, aunque existen arquetipos y "categorías" de dioses en los panteones del mundo, los dioses también son productos de la cultura en la que son adorados. En otras palabras, la mayoría de culturas tiene una diosa madre, pero no todas las diosas madre son la misma, porque las personas que las adoran no son las mismas. Por ejemplo, la diosa egipcia Sekhmet y la Morrigan céltica no son la misma simplemente porque ambas son diosas de "batalla" asociadas con muerte y destrucción. Cada una tiene sus propias historias, características y contexto cultural. Negar sus orígenes únicos es tratarlas con irrespeto. Esto no es una buena idea; estas son dos diosas con las que no querría reñir.

Segundo, es importante que aprenda todo lo que pueda acerca de los dioses y sus contextos históricos y mitológicos y los trate de acuerdo a ello, en lugar de imponer sus propias ideas de lo que son. Una vez una mujer trató de convencerme de que la diosa india Kali era una diosa madre amorosa. Seguro que lo es, en el sentido de que "pisotea su cuerpo, lo desgarra en pedazos, y bebe su sangre para que su esqueleto roto pueda ser envuelto en el seno de la madre tierra y usted renazca". Aunque hay un aspecto maternal en Kali, ella no es el mismo tipo de madre protectora que la mujer en cuestión mencionaba.

Dicho eso, hay pocos registros históricos para algunos de los dioses, así que si decide trabajar con los menos conocidos, tendrá que extrapolar información sobre ellos de las fuentes que encuentre. Observe que estoy diciendo extrapolar, no inventar. También puede llevar a cabo una visualización dirigida para obtener más información sobre ellos. De ninguna manera es erudito, pero es mejor y más respetuoso que inventar algo para que se ajuste a sus propósitos.

Tercero, y este se relaciona con el segundo, si está trabajando con un dios o dioses que no son de su cultura, asegúrese de examinar lo que hace y que sea hecho con aprecio, no apropiación de la otra cultura. A veces, respetar otra cultura significa dejar quietos sus dioses porque llamarlos a un círculo wicca no sería conveniente. Por ejemplo, conozco practicantes de vudú que creen que es ofensivo que los wicca invoquen los loa (espíritus ancestrales vudú) fuera del contexto del vudú. Debido a que el hinduismo todavía es practicado activamente por millones de personas, algunos hindúes creen que es inadecuado invocar una divinidad hindú en un círculo wicca, porque esas deidades tienen ritos propios que han sido hechos por generaciones y se ajustan al contexto cultural hindú.

Por último, pero no menos importante, muchos wicca (no todos) consideran inapropiado mezclar dioses y diosas de diferentes panteones en el mismo círculo. Por ejemplo, no llamaría a la Morrigan, Aries y Sekhmet al mismo ritual, y no sólo debido a sus temperamentos. Las palabras, gestos y símbolos que funcionan para una, probablemente no funcionarían para las otras dos. Aunque todas son guerreras, no hablan el mismo lenguaje, ya sea literal o metafórico. Puede arriesgarse a compartir historias de guerra y comparar muescas en sus cinturones, pero podrían chocar, y esa es una pelea en la que no querrá encontrarse. Similarmente, no llame al mismo ritual dos dioses o diosas del mismo panteón que no se quieran. Haga su investigación;

los mitos tienden a ser muy claros respecto a quiénes congenian entre sí.

Como mencioné antes, los wicca tienen una relación muy personal con sus dioses. Aprender todas estas cosas —sus mitos, culturas y preferencias— ayuda a profundizar la relación, que es en sí valiosa, pero también mejora el ritual y la magia. Una vez que haya escogido un dios o diosa en particular con quien desea trabajar, y lo(la) haya estudiado, puede usar una variación del ritual de "presentarse al Dios y la Diosa" del comienzo de este capítulo para presentarse. Simplemente modifique el ejercicio incorporando algunos de los símbolos de la deidad que escogió.

Llamar los dioses al círculo

Hay dos razones principales para llamar al círculo al Dios y a la Diosa u otra deidad específica. Puede pedirles que estén presentes para el ritual, de modo que pueda honrarlos y comunicarse con ellos, o pedirles algo, tal como dirección o ayuda en un trabajo mágico; o puede hacer ambas cosas. Muchos wicca llaman al Dios y a la Diosa a cada círculo que hacen, simplemente para pasar tiempo con ellos y tenerlos presentes —casi como familia— en sus rituales y trabajos. Otros sólo los llaman para los ocho sabbats o fiestas wicca (vea el capítulo 9).

El Dios y la Diosa son usualmente llamados una vez que el círculo está formado y las direcciones son llamadas (si las direcciones van a ser llamadas). No hay una norma establecida en cuanto a qué llamar primero. Algunos wicca llaman a la Diosa primero porque ella da nacimiento al universo; otros llaman primero al Dios porque es la chispa de la vida. Usted mismo decide a quién llama primero.

Aunque en el ritual de "presentarse a Dios y la Diosa" encendió una vela cuando habló con el Dios y la Diosa, no tiene que hacer esto todas las veces. Sin embargo, es común tener una vela para el Dios y una para la Diosa en el altar, y prender cada una cuando son llamados. Para los propósitos del siguiente ejemplo, diremos que tiene velas, y que va a iniciar con la Diosa. También diremos que tiene un altar (vea el capítulo 8). Para el ejemplo, puede ser simplemente una mesa con un mantel y las velas del Dios y la Diosa sobre ella. La vela del Dios debe ser roja o dorada, y la de la Diosa blanca o plateada. En este ejemplo no va a pedir ayuda al Dios y la Diosa para el trabajo mágico.

1. Limpie y despeje su espacio ritual.
2. Equilibre su energía.
3. Ponga el altar en lo que será el centro de su círculo.
4. Lance el círculo.
5. Llame las direcciones, si quiere.
6. Párese frente al altar, encienda la vela de la Diosa, y con los brazos levantados en forma de Y, con las palmas mirando hacia delante, diga algo como:

    Gran Diosa, Madre de todas las cosas, Señora de la luna, honra mi ritual con tu presencia aquí esta noche.

7. Mientras habla, sienta que la presencia de la Diosa llena el círculo. Sienta su energía fluir en el espacio sagrado. En su imaginación, podría verse como luz de luna. Sepa que ella está ahí. No absorba la energía de ella en su cuerpo.
8. Luego encienda la vela del Dios, ponga las manos en forma de Y como antes, y diga algo como:

   Gran Dios, Padre, Señor del sol, Señor del bosque, Señor de la caza, honra mi ritual con tu presencia aquí esta noche.

9. Mientras habla, sienta que la presencia del Dios llena el círculo. Sienta su energía fluir en el espacio sagrado. En su imaginación, podría verse como luz del sol. Sepa que él está ahí. No absorba la energía de él en su cuerpo.
10. En este punto, puede hablarle más, o, si es un sabbat, hacer su rito de sabbat (vea el capítulo 9).
11. Cuando termine su rito, párese en frente del altar de nuevo y diga algo como:

    Gran Dios, gracias por bendecir mi ritual con tu presencia. Adiós.

12. Apague la vela del Dios. Luego diga algo como:

    Gran Diosa, gracias por bendecir mi ritual con tu presencia. Adiós.

13. Apague la vela de la Diosa.
14. Despida las direcciones si las llamó, deshaga el círculo y equilibre su energía.

Puede modificar esta fórmula sencilla para un círculo que incluya magia. Podría cambiar las invocaciones y despedidas a algo como:

> *Gran Diosa, Madre de todas las cosas, Señora de la luna, honra mi ritual con tu presencia aquí esta noche y ayúdame con mi hechizo de curación (u otro tipo de hechizo).*
>
> *Gran Diosa, gracias por bendecir mi ritual y mi magia de curación (u otro tipo de magia) con tu presencia. Salve, y adiós.*
>
> *Gran Dios, Padre, Señor del sol, Señor del bosque, Señor de la caza, honra mi ritual con tu presencia aquí esta noche y ayúdame con mi hechizo de curación (u otro tipo de hechizo).*
>
> *Gran Dios, gracias por bendecir mi ritual y mi magia de curación (u otro tipo de magia) con tu presencia. Salve, y adiós.*

Puede ser mucho más poético que yo. Estos ejemplos son sólo para que usted comience. Si está trabajando con una diosa o dios específico, también puede (y debería) dirigir la evocación a él o ella directamente. Por ejemplo:

> *Gran Madre Isis, diosa de la tierra, protectora de los muertos, ven aquí esta noche para bendecir mi ritual y magia.*

Señor Apolo, dios de la luz, dios de la música, dios de la profecía, transmite tu gran poder a mi ritual y magia esta noche.

Cerridwen, diosa del cambio de forma, patrona de los poetas, ilumina mi ritual y mi magiatu con tu inspiración resplandeciente.

Thor, dios de los rayos y truenos, dios del firmamento, protege y bendice este círculo y todo dentro de él.

Si hace su tarea y realmente llega a conocer sus dioses, las invocaciones fluirán fácilmente para usted. Siempre que sean sinceras y desde el corazón, serán oídas.

CAPÍTULO OCHO

HERRAMIENTAS, JUGUETES Y ALTARES

Hasta ahora, hemos hablado de crear un círculo ritual, evocar las direcciones y los dioses. Como dije antes, es importante realizar estas cosas sin herramientas rituales porque a fin de cuentas, éstas son sólo apoyos, y el practicante es la verdadera fuerza detrás de la creación del círculo y la canalización de la energía terrestre. Presenté este capítulo después de los otros porque es fácil que los practicantes sean distraídos por las herramientas y pierdan su atención en lo que en realidad es importante —su propio desarrollo espiritual y psíquico—. Un juego brillante de herramientas no reemplaza hacer el trabajo mental y energético de la wicca.

Entonces, ¿por qué se usan herramientas? Las herramientas mágicas de un wicca son como extensiones de sí mismos. Son infundidas con la energía de su dueño y sintonizadas hacia su voluntad, mejoran el ritual y la magia ayudando a su dueño a enfocar la energía. Además, debido a que son sólo usadas en ritual o magia, y cada una tiene un significado simbólico profundo, sólo con cogerlas ayuda a su dueño a entrar en la mentalidad ritual.

Las herramientas rituales no necesitan ser costosas o finas; sólo deben ser especiales y tener significado para su dueño. Algunas tradiciones wicca dice que el practicante debe elaborarlas. Debido a que no todos somos herreros o escultores, esto no es práctico, pero si puede hacer o modificar algunas de ellas, serán más parte de usted que si las compra.

Las principales herramientas wicca

A continuación veremos en detalle las principales herramientas wicca. Hay otras adicionales que son específicas para ciertas tradiciones wicca, pero como este libro trata la wicca en general, nos aferraremos a lo básico.

Athame

El athame es la herramienta más importante del wicca. Es un cuchillo ritual de doble filo —a menudo, pero no siempre— con un mango negro. Los dos lados simbolizan el Dios y la Diosa, quienes se unen en la punta; la unión del mundo espiritual y el mundano, y la idea de que con el poder viene la responsabilidad. El athame puede o no ser afilado, dependiendo de la preferencia del dueño. Nunca es usado para cortar algo diferente a energía y aire. Unas tradiciones sostienen que si el athame alguna vez saca sangre, debe ser destruido, pero de ningún modo esta es una creencia wicca universal. Sin embargo, si es propenso a dejar caer cosas sobre sus pies, tal vez necesite un athame que no esté afilado. Su filo no tiene nada que ver con su función como herramienta mágica.

El athame es usado para enfocar y dirigir la energía, especialmente al trazar el círculo o evocar las direcciones. Es asociado más comúnmente con el elemento aire y el Este, pero algunos lo relacionan con el fuego y el Sur. Simboliza la voluntad del wicca. Miembros de una congregación o grupo pueden compartir muchas de las otras herramientas, pero el athame es siempre personal. No toque el athame de otra persona (u otras herramientas rituales) sin permiso.

Si pasa parte de su tiempo con otros practicantes, oirá la palabra "athame" pronunciada de formas diferentes, así que no se preocupe de buscar la correcta. Pronúnciela como le parezca mejor.

Varita (mágica)

La varita es simplemente una vara ornamental. Tal vez piense que estoy siendo irreverente, pero la varita tradicional es una rama delgada cortada a cierta longitud, por lo general de al menos de un pie de largo, lo cual es una buena forma de decir que es una vara. La longitud varía según la tradición, así que puede cortar la suya tan larga o corta como quiera. Puede o no estar sin la corteza. Algunos graban símbolos mágicos en sus varitas. El tipo de madera también varía según la tradición; las maderas comunes para fabricar varitas son el roble, fresno y sauce. Debería utilizar una rama caída en lugar de cortarla de un árbol vivo. Algunos "agradecen" al árbol que suministró la rama dejando una ofrenda de agua o abono en su base.

Puede hacer una varita de una varilla gruesa en una ferretería, pero en mi opinión (muy parcial), es más "orgánico", por falta de una mejor palabra, usar una rama. Si se dirige a eBay u otro sitio que venda varitas, encontrará una amplia variedad hechas de toda clase de cosas, como cobre, cristales, cuernas, hueso, plata y acero. Aunque no son madera, cualquiera de estos funcionará si cree que lo harán. La parte importante es cómo se relaciona la varita con su dueño.

Como el athame, la varita es usada para enfocar energía. Es usada más a menudo al invocar los dioses, porque no es cortés ondear un athame afilado y puntiagudo en Atenea o Loki. También puede ser usada para evocar las direcciones y trazar el círculo. Se utiliza especialmente en rituales que invocan al Dios cornudo o incluyen simbolismo fálico. A veces, la varita es esculpida para que parezca un falo. La varita es asociada más a menudo con el fuego y el Sur, pero algunos la relacionan con el aire y el Este.

Cáliz

El cáliz representa la Diosa y la matriz. Es usado para beber, especialmente en rituales donde es importante el simbolismo femenino. Hay un ritual común en círculos wicca en el que la hoja del athame es metida en el cáliz para simbolizar la unión sexual del Dios y la Diosa. El cáliz puede ser hecho de casi cualquier cosa —cristal, cerámica, madera, metal—, pero no recomiendo el plástico. El vaso utilizado en nuestro círculo de entrenamiento por aquellos que olvidan el suyo es de plástico, y simplemente no se siente apropiado. Si escoge el metal, asegúrese de que sea un metal del que pueda beber con seguridad. Si es un poco propenso a accidentes, trate de conseguir un cáliz de madera. Conozco una gran sacerdotisa que suele tumbar y hacer pedazos cálices cerámicos, y tenemos más de un vaso ritual pegado en nuestro aparador. A menudo encontrará buenos cálices en ferias de arte y tiendas de artículos de segunda mano. El cáliz es asociado con agua y el Oeste.

Calderón

El calderón es una olla grande de hierro fundido sobre tres patas, y como el cáliz, que es usado para representar energía femenina. También se utiliza para quemar cosas o crear "hogueras". (Llene el calderón hasta la mitad con arena o pedazos pequeños de cerámica, introduzca velas en la arena, y enciéndalas. Tenga un extintor a la mano y sea cuidadoso. Haga esto al aire libre). Aunque Shakespeare lo habría hecho creer que los hechiceros y los wicca preparan bebidas en los calderones, por lo general esto no es cierto.

Usualmente usan la cocina como todos los demás. Puede encontrar calderones pequeños en muchas tiendas esotéricas y metafísicas y sitios en la Internet. También puede encontrarlos en las tiendas de antigüedades y en mercados de artículos usados, especialmente los realizados en áreas rurales. El calderón es asociado con agua y el Oeste.

Escoba

Una escoba ritual wicca puede ser una común, una hecha a mano, o una decorativa como las encontradas en tiendas de artesanías. Las cerdas representan el área púbica de una mujer y el palo representa un falo, así que la escoba es un símbolo de la unión sexual del Dios y la Diosa. Es usada para barrer energía fuera del espacio del círculo antes de trazar el círculo. Algunos wicca también usan la escoba para generar energía en el círculo. La escoba también es asociada con tierra y el Norte o aire y el Este.

Incensario e incienso

Con frecuencia se quema incienso en los círculos para crear el ambiente y atraer los tipos de energía necesarios para los rituales. Todas las hierbas y fragancias tienen correspondencias mágicas. También se utiliza incienso para purificar el espacio ritual y consagrar objetos para uso ritual pasándolos a través del humo. Puede usar cualquier tipo de incienso e incensario en un ritual. La mayoría de los practicantes que conozco usan incienso suelto que queman sobre carbón, pero también puede usar palitos o conos. La ventaja del material suelto es que puede combinar sus propias hierbas o comprar una mezcla especial que se ajuste a sus propósitos. Si cree que le gustaría hacer su propio incienso, estudie cada hierba antes de incluirla; algunas de ellas son tóxicas al ser inhaladas. El incensario y el incienso representan fuego y aire, Sur y Este.

Sal y agua

Muchos mantienen una vasija con sal y una con agua en el altar. Con mayor frecuencia, parte de la sal es mezclada en el agua, y el agua salada se usa para bendecir y purificar el círculo ritual. También puede ser utilizada para consagrar objetos de uso ritual. En caso necesario, el agua también es útil si tiene un accidente con el incienso o las velas. La sal y el agua se asocian con tierra y agua, Norte y Oeste.

Velas

Las velas son usadas con bastante frecuencia. Nunca he estado en un ritual wicca que no las incluya. Como dije anteriormente, las velas se colocan en el altar para representar el Dios y la Diosa. Son usadas para crear luz de lectura y para marcar las direcciones. A veces sirven simplemente para crear el ambiente. Son usadas comúnmente en magia. Escoja un color que corresponda a su propósito mágico o ritual. Puede encontrar información sobre correspondencias de colores en varios de los libros de la lista de lecturas recomendadas. Use el tipo de vela que desee. Velas de siete días, como las encontradas en tiendas cristianas, tiendas esotéricas, botánicas o la sección de comida mexicana de algunas tiendas de comestibles, son buenas porque vienen con candelero y no son tan fáciles de tumbar como las cerillas. Sin importar cuál tipo de vela escoja, asegúrese de usar un candelero firme y mantener a la mano un extintor. ¡También esté pendiente de su cabello y las mangas alrededor de las velas! He estado en dos rituales donde el cabello de una mujer se prendió y ella no se dio cuenta hasta que las personas empezaron a darle manotadas para apagarlo. También he estado en un ritual al desnudo donde alguien accidentalmente apagó la vela del Dios con su trasero. Por supuesto, él nunca había vivido esto. Las velas, naturalmente, representan fuego y el Sur.

Cuchillo para uso general

Debido a que no puede cortar nada sólido con su athame, es bueno tener un cuchillo ritual para cortar hierbas, cuerdas o algo más que necesite en el ritual o magia, o para grabar símbolos en velas y varitas. El cuchillo de uso general puede ser de cualquier tipo, pero debe ser reservado específicamente para uso ritual o mágico.

Estatuas

Las estatuas en los altares representan el Dios y la Diosa. Esto no es esencial, pero realza el ambiente espiritual. Puede encontrar buenas estatuas en la Internet o en tiendas esotéricas o metafísicas. Sacred Source, www.sacredsource.com, tiene un surtido extraordinario.

Libro de las sombras

El libro de las sombras es una combinación de libro de hechizos y diario mágico. En wicca se utiliza para registrar rituales y hechizos escritos ya sea si tuvieron o no éxito. El libro de las sombras puede ser desde un cuaderno anillado hasta un libro de papel en blanco encuadernado. Algunos trazan márgenes maravillosas en las páginas de sus libros, como los manuscritos medievales; otros libros son muy sencillos. Puede tener su libro de las sombras en el disco duro, pero es un poco difícil llevar el computador al círculo. Si entra a Internet, particularmente a eBay, encontrará personas vendiendo "libros de las sombras". Generalmente, éstos son plagiados o no son auténticos, y quienes los venden sólo están interesados en sacarles todo el dinero que puedan. Los mejores libros de las sombras son heredados de su tradición, si tiene una, o creados por usted, o ambos. Mientras explora su camino y encuentra o escribe técnicas y rituales que le funcionan, su libro crecerá.

Esta lista de herramientas no es exhaustiva, pero cubre lo básico. Adquiera sus herramientas poco a poco, en lugar de apresurarse a conseguirlas todas a la vez. De esa forma, tendrá tiempo para encontrar o hacer las que más resuenen con usted.

Altares wicca

Los practicantes parecen amar sus altares. Nunca sabremos si es por su devoción a los dioses o su devoción a las chucherías (o ambos), pero de cualquier forma, los altares son creados para expresar la fe, hacer el trabajo espiritual, guardar las herramientas del ritual, y/o canalizar su expresión interior. Un altar wicca puede ser tan simple como un estante pequeño con un cono de pino y una vela sobre él, o tan elaborado como una mesa grande con un mantel, velas, incienso, flores, herramientas rituales y estatuas. Los wicca usan altares como espacios decorativos y devocionales alrededor de sus casas y jardines, y también en rituales. Para los propósitos de este capítulo, un altar devocional es uno creado permanentemente en la casa o el jardín, y un altar de ritual es el que se usa sólo en un círculo ritual particular.

La superficie

No hay reglas respecto a qué tan grande, pequeño, adornado o sencillo debe ser un altar wicca, así que puede crear uno con lo que se ajuste y conecte con usted. He visto altares hechos sobre mesitas auxiliares, mesas de té, estantes, archivadores, mesas de costura, escritorios, cajas de leche, tablas, rocas planas, montículos de tierra pequeños, pasaderas de jardín, cajones, mantos de chimenea, baúles viejos, neveras, rincones de paredes e incluso una vieja lápida. (La lápida tenía una errata, así que nunca había sido usada en una tumba). Si va a crear un altar devocional, es mejor que consiga una mesa pequeña o use la superficie de un estante para libros, pero si no tiene el dinero o espacio para estos, no hay problema. Puede usar cualquier superficie plana, siempre que sea fácil de limpiar y meditar en frente de ella. Si tiene dinero extra, considere visitar tiendas de artículos de segunda mano para conseguir una vieja mesita auxiliar.

Estas mesas tienden a ser razonablemente económicas. Si la que encuentra es fea (y a menudo lo son, o no habrían sido relegadas a la tienda), puede pintarla o cubrirla con un mantel barato. Si tiene mascotas y está creando un altar devocional, también deberá considerar lo que llamamos el "factor gato". Los gatos (algunos perros y la mayoría de loros) son irresistiblemente atraídos por superficies inestables llenas de chucherías frágiles. Si tiene un felino o canino curioso en la casa, construya su altar devocional alto o en una superficie muy estable, preferiblemente con las dos opciones. (La mesa del televisor no es recomendable para esta situación).

Si va a crear un altar de ritual, necesitará algo que pueda quitar, guardar o dejar a un lado cuando no esté en uso. He descubierto que los baúles y cajones son maravillosos porque uno puede guardar las herramientas rituales y usar la superficie para el altar durante el ritual. También se puede utilizar perfectamente una mesa o superficie cotidiana en el ritual. Conozco muchos que trasladan sus mesas de té al espacio del círculo para el ritual, y las regresan a la sala cuando terminan. La estabilidad también es importante para un altar de ritual, especialmente si se moverá alrededor de él o tendrá velas prendidas.

Cubierta y parafernalia

Una vez que encuentre una superficie, decida si quiere cubrirla. La mayoría de altares wicca tienen manteles de altar de algún tipo, pero también he visto altares pintados con símbolos mágicos, estrellas y lunas, o espirales. Si desea usar un mantel, puede comprar uno nuevo, conseguir usados en tiendas de artículos usados o ventas de garaje (o en sus propios cajones), usar telas sobrantes de proyectos de costura o compradas nuevas, o usar bufandas o pareos. Incluso podría utilizar los paños de adorno de su abuela, siempre que no esté construyendo un altar para una deidad como Thor o Aries. Ya sea que esté creando un altar devocional o uno de ritual, puede cambiar el mantel para reflejar la estación o el sabbat actual, usando diferentes colores y texturas para cada época del año.

Ahora que tiene esta gran superficie, ¿qué pondrá en ella? De nuevo, no hay reglas estrictas, pero los altares wicca a menudo tienen velas, estatuas, piedras, plumas, conchas, incienso e incensarios, y/o las herramientas rituales del practicante sobre ellos. A veces incluyen comidas o bebidas asociadas con un sabbat o deidad particular. Recuerde cambiarlas periódicamente si no están en algún tipo de empaque, no sea que aumenten el factor gato, factor insectos o el factor moho.

Como mencioné en el capítulo 7, si está construyendo un altar devocional para una divinidad específica, deberá conseguir objetos que corresponden a él o ella. Por ejemplo, tengo un altar para la Morrigan, una diosa guerrera céltica. La superficie está cubierta con un mantel rojo, y encima hay una vela en un candelero rojo en forma de calderón; una estatua; el cráneo, plumas y patas de una corneja; la figurilla de un cuervo; una moneda con la imagen de un lobo, mi brazalete de cuervo y mi collar ritual ambarino.

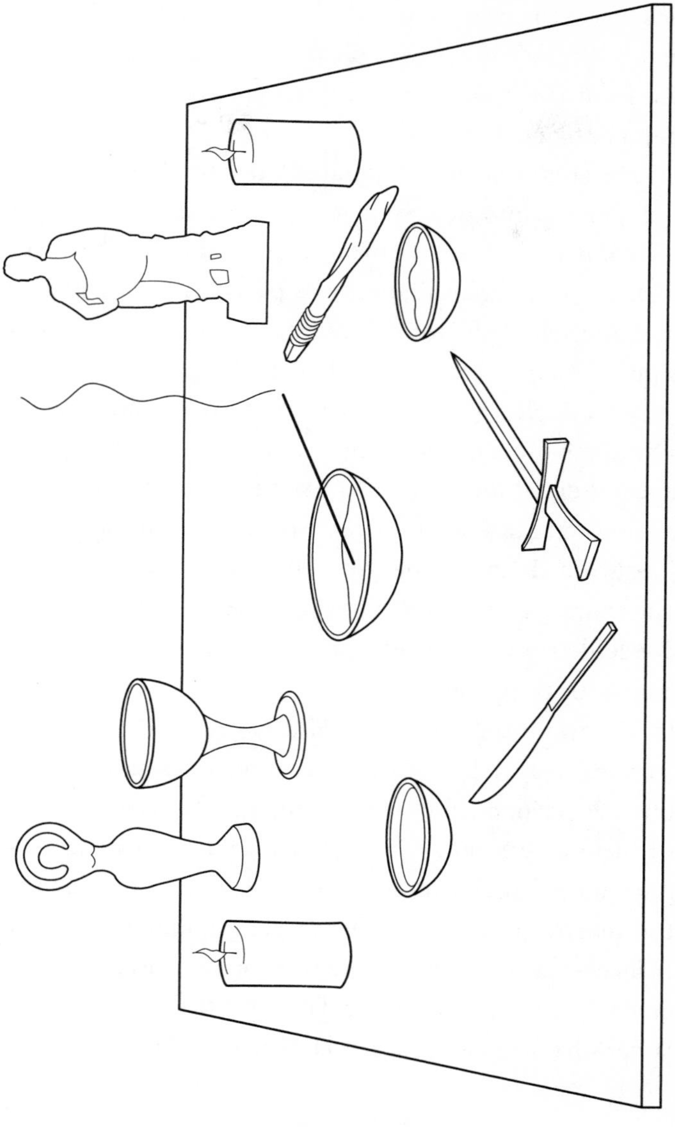

Muestra de disposición del altar

Los lobos, cornejas y cuervos son los animales de la Morrigan, y debido a que ella es diosa de la batalla, me imagino que le gusta el rojo. No incluí flores porque la Morrigan no es un tipo de mujer florida.

Los altares de ritual a menudo tienen objetos decorativos, tales como panizo de las Indias en el equinoccio de otoño, pero es más importante que contenga las herramientas y materiales necesarios para el ritual mismo. A menudo, estos objetos son puestos en el altar en lugares simbólicos, por ejemplo, el incensario en el extremo sur del altar debido a su asociación con el fuego. Sin embargo, a veces es mucho más importante tener los objetos dispuestos de tal forma que sean fáciles de coger y usar, que tenerlos en lugares especiales. No hay una forma correcta o equivocada de disponer un altar de ritual. El esquema que aparece aquí muestra una disposición del altar. Podrá usarlo de esa manera, adaptar lo que le convenga, o cambiarlo por completo.

En este diseño, el altar mira hacia el Norte. Esto es común en la wicca, aunque a veces miran hacia una de las otras direcciones. Yo pongo el athame a la derecha porque soy derecha y es más fácil cogerlo ahí, y debido a que se usa mucho en el círculo, lo necesito a la mano. El cuchillo para uso general queda en la izquierda para equilibrar el athame. El incensario es puesto en el centro para que sea menos probable de tumbarlo. La vela del dios y la estatua se ubican a la derecha porque el Dios es el principio activo y, como le mencioné antes, la mano derecha es considerada por algunos como la mano activa. La estatua de la diosa y la vela están en la izquierda porque la Diosa es el principio receptivo. El agua y la sal están en el Oeste y Este puramente por equilibrio estético; el agua es Oeste, pero la sal (tierra) no es Este (es Norte). Ponga el cáliz junto a la estatua y la vela de la diosa porque la simboliza; pasa lo mismo con la varita y la estatua y la vela del dios. La escoba no va en el altar.

Recuerde, ¡no necesita todas estas cosas para hacer un ritual efectivo! Además, si usted es un minimalista que aborrece atestar el altar, no tiene que poner todas las herramientas en él. De todos modos, la mayoría de personas no usa todas las herramientas en cada ritual.

Consagrar las herramientas

La mayoría de los practicantes consagran cada una de sus herramientas antes de usarlas en el ritual. "Consagrar" significa hacer algo sagrado o dedicarlo a una deidad o al uso espiritual. Cuando consagra sus herramientas, está diciendo, más o menos, "estoy dedicando estas herramientas a mis dioses, mi camino espiritual, y haciendo mi voluntad". Si decide consagrar sus herramientas, sólo necesita consagrar todo una vez —no para cada círculo—. El siguiente es un ejemplo de un ritual de consagración de herramientas. Como con todos los ejercicios y rituales en este libro, modifíquelo para que se ajuste a sus necesidades.

Necesitará:

- Un tazón de sal y uno de agua. Debe haber sólo una cucharada de sal, pero el tazón de agua debe estar mediado. No lo llene en exceso.
- El incensario y el incienso, apagado, más fósforos o un encendedor.
- Athame.
- Las otras herramientas rituales. No se preocupe si todavía no las tiene todas. No tiene que consagrarlas todas a la vez, sería un ritual muy largo si lo hace.
- Una toalla o trapo seco y limpio.

Instrucciones del ritual

1. Ponga el altar en el centro del espacio de su círculo. Ubique el agua, sal y todas las herramientas al lado o debajo de él. Puede tener una vela prendida sobre el altar para luz.
2. Descargue su energía.
3. Limpie el espacio por medio de la visualización en lugar de usar la escoba.
4. Trace el círculo usando los dedos y no el athame o la varita.
5. Llame las direcciones, de nuevo usando los dedos y no el athame o la varita.
6. Llame al Dios y la Diosa.

7. Párese o siéntese en frente de su altar. Ponga las dos manos sobre la superficie y absorba energía terrestre a través de su raíz central. Diga algo como:

   Bendigo y consagro este altar en los nombres de la Diosa y el Dios, y en la presencia de los poderes de los cuatro elementos. Que me ayude a honrar mis dioses y hacer mi voluntad. Bendito sea.

8. Mientras dice esto, visualice la energía terrestre fluyendo de sus manos y llenando el altar, infundiéndolo con poder y sacando energía indeseada o negativa que pudiera estar en él. Las mesas no tienden a retener energía negativa (¿por qué permanecería en una mesa?), pero no está de más remover las vibraciones de su anterior dueño, si lo tuvo.

9. Después, ponga los tazones de sal y agua en el altar. Meta sus dedos índice y medio en el agua y diga algo como:

   Bendigo y consagro esta agua y este tazón en los nombres de la Diosa y el Dios, y en la presencia de los poderes de los cuatro elementos. Que me ayude a honrar mis dioses y hacer mi voluntad. Bendita sea.

10. Mientras dice esto, absorba energía terrestre a través de su raíz central e infunda y energice con ella el agua y el tazón.

11. Repita el mismo procedimiento con la sal, luego eche la sal en el agua y revuelva con los dos dedos.

12. Después, ponga el incensario y el incienso en el altar, y repita la bendición en cada uno. Luego ponga incienso en el incensario y préndalo.
13. Al consagrar herramientas es tradicional exponerlas a los cuatro elementos. Los cuatro elementos son representados en el incienso y el agua salada. Rocíe el altar y el incensario ligeramente con el agua salada (¡no apague el incienso!), luego coja el incensario (si es antitérmico y seguro) y abanique el humo sobre el altar y los tazones. Ahora todo en el altar ha sido bendecido por los elementos.
14. Después, coja el athame. Tome energía terrestre a través de su raíz central y diga algo como:

    Bendigo y consagro este athame en los nombres de la Diosa y el Dios y en la presencia de los poderes de los cuatro elementos. Que me ayude a honrar mis dioses y hacer mi voluntad. Bendito sea.
15. Rocíe el athame con el agua salada y póngalo por un momento en el humo del incienso. *Luego limpie el agua salada de la hoja con el trapo.* No lo limpiará de nada más, pero no querrá que el agua salada se asiente en su athame y termine con moho en la hoja. También deberá pulir la hoja con Metal Glo o un producto similar. ¡Los verdaderos wicca saben cómo cuidar sus cuchillos! El athame es su herramienta más personal, así que trátelo con mayor respeto.

16. Repita este procedimiento con sus otras herramientas, pero en lugar de coger la herramienta o apuntarla con los dedos, dirija la energía terrestre a través del athame hacia ella. Rocíe cada herramienta y póngala en el humo del incienso. No tiene que consagrar todas las velas o el incienso que use, a menos que quiera, pero es buena idea hacerlo en los candeleros.
17. Cuando termine, agradezca al Dios y la Diosa por asistir a su ritual.
18. Despida las direcciones.
19. Deshaga el círculo.
20. Descargue su energía.
21. Guarde sus herramientas recién consagradas en un lugar seguro y especial.

CAPÍTULO NUEVE

FIESTAS WICCA Y LA RUEDA DEL AÑO

Los wicca celebran fiestas (sabbats) y las lunas llenas. Debido a que la wicca es una religión orientada a la naturaleza, da un gran énfasis al ciclo cambiante de las estaciones, que es llamada la "rueda del año". La rueda wicca tiene ocho "radios", cada uno representando un sabbat y señalando un punto importante en el giro del año y el movimiento de la tierra alrededor del sol. Los sabbats se celebran cada seis semanas. Cuatro de ellos ocurren en los puntos de solsticio y equinoccio; los otros cuatro, a veces llamados "semiestacionales", se celebran entre los solsticios y equinoccios.

Además de marcar las estaciones, los sabbats cuentan las historias del Dios y la Diosa y celebran las conexiones wicca con el mundo espiritual. Como mencioné en los capítulos anteriores, los wicca se enfocan en el mundo espiritual y el "aquí y ahora". En sus sabbats, a menudo reproducen lo que está sucediendo en la naturaleza para conectarse plenamente con el mundo que los rodea y participar en el giro de la rueda. También usan estos momentos para conectarse e identificarse con sus dioses.

Muchos se refieren a los rituales de luna llena como "esbats". En la luna llena, la luna (la Diosa) está en frente del sol (el Dios) en el firmamento, con la tierra en medio como un hijo en el abrazo de sus padres. La astrología dice que la luna llena es tiempo de culminación. Por mucho tiempo se ha creído que es un período de gran poder mágico, cuando la Diosa está en su total gloria, y así los wicca a menudo, pero no siempre, honran a la Diosa sobre el Dios en la luna llena. Sin embargo, no se preocupe —el Dios lleva su merecido en los sabbats, y sólo porque otros se enfocan en la Diosa no significa que usted tenga que hacerlo—. Debido a que la luna llena es tan poderosa, con frecuencia se hace magia durante sus esbats además de honrar los dioses. Algunos usan el mismo ritual para cada luna llena, y otros escriben nuevos. No hay una forma constante y acordada de celebrar las lunas llenas ni un juego de símbolos para cada una. Los wicca señalan esos días aunque la luna los mueva. Esto no significa que las lunas llenas no son importantes.

En realidad, en algunas tradiciones son consideradas más esenciales para la práctica wicca que los sabbats.

Cada sabbat tiene su propio juego de símbolos, imágenes y mitos. No hay una forma correcta de celebrar cada sabbat, y diferentes wicca interpretan los significados de manera distinta, así que voy a darle información básica sobre cada uno, que puede usar como un punto de partida para crear sus propios rituales estacionales significativos.

Febrero 2: Imbolc, Oimelc, Candelaria

Imbolc celebra las primeras señales de vida bajo el manto del invierno. La luz comienza a aumentar perceptiblemente. La tierra está tornándose fértil y dispuesta para nuevo crecimiento, y como ella, estamos preparándonos para la primavera y nuestro renacimiento espiritual después del trabajo interior del invierno. La Diosa dio nacimiento al Dios en el solsticio de invierno, y mientras la fuerza de él crece en Imbolc, ella se prepara para el ciclo de vida, muerte y renacimiento para empezar todo una vez más.

Algunos temas para Imbolc son la fertilidad, el fuego, la purificación e iniciación o el renacimiento espiritual. Si vive en el hemisferio Norte, la idea de que esta es una fiesta de fertilidad puede ser un poco forzada para usted, pero si vive en un clima moderado, los retoños en los árboles en esta época del año podrían servirle de recordatorio. Tal vez es mejor pensar en esto como la posibilidad de fertilidad; el momento en que la tierra deja de estar sin vida y empieza a despertar.

El fuego, naturalmente, simboliza el calentamiento de la tierra, la chispa de la vida, y la llegada de la luz. Muchos sabbats representan fuego de una forma u otra, pero en Imbolc, los wicca hablan del "fuego interior" en lugar de fuego literal. Las ceremonias de Imbolc wicca tienden a incluir muchas velas para estimular el crecimiento de la luz y el calor. La diosa/santa irlandesa Brid, cuya fiesta es febrero 2, es a menudo asociada con fuego. Ella es una diosa de la forja, así que esto no es sorpresa. También es una diosa de inspiración, poesía y fertilidad, por eso encarna varios temas de Imbolc. Muchos wicca honran a Brid en Imbolc.

Este también es un tiempo de purificación, en el sentido de dejar atrás la oscuridad del invierno y deshacerse de cosas extrañas que frenan el potencial espiritual. La conexión entre fertilidad, purificación y renacimiento espiritual es reflejada en el término "febrero". En la antigua Roma, la gente sacrificaba una cabra en honor de Juno, madre de los dioses; cortaban la piel de la cabra en tiras llamadas *februa*, que significaba "instrumentos de purificación" (y que viene de la misma raíz que "febrero"); y golpeaban ceremonialmente con las tiras la espalda de cada mujer, honrando simultáneamente a la diosa madre y asegurando la fertilidad de ellas. Todavía existen vestigios de este ritual, que era asociado con la fiesta de las lupercales, la cual prevalece en la actualidad.

Tal vez debido a la asociación de la estación con el renacimiento espiritual, muchos practicantes hacen dedicaciones o iniciaciones en esta época. Las dedicaciones son ceremonias sencillas, públicas o privadas, en las que una persona declara su propósito de estudiar la wicca y/o honrar a los dioses. Una ceremonia de iniciación es cuando una persona es "hecha" wicca —él o ella deja de ser un aprendiz y ahora está siguiendo realmente el camino wicca—. La iniciación a menudo incluye unirse a un grupo o tradición wicca, aunque muchos practicantes trabajan solos. La iniciación es considerada un nacimiento o renacimiento, y, como en un círculo de Imbolc, los sentimientos subyacentes en una ceremonia de iniciación son a menudo la anticipación y la novedad.

Cuando esté estudiando un sabbat, también es importante que estudie su opuesto en la rueda del año y la relación entre las dos celebraciones. Los sabbats opuestos forman otra polaridad wicca. Imbolc está opuesto a Lammas, en agosto 1. Los adornos para un altar de Imbolc estacional podrían incluir bulbos y semillas y muchas velas.

Marzo 21: Equinoccio de primavera, Ostara

En el equinoccio de primavera, los practicantes celebran, obviamente, la primavera. El poder de Imbolc está empezando a hacerse realidad mientras aparecen tulipanes y narcisos, se siembran las primeras semillas, y la oscuridad da paso a la luz. El día y la noche son iguales, así que el equilibrio es acentuado. También hay una chispa sexual en el ambiente, y nueva vida brotando en todas partes.

En algunos aspectos, el equinoccio de primavera en la wicca es similar a la Pascua. En el lado secular de la Pascua, la gente celebra con huevos de color y conejos de chocolate. Hay pocas cosas que puede mezclar en una mesa que simbolicen fertilidad (sexo) y nueva vida, más que los huevos y los muy prolíficos conejos, y como si eso no fuera suficiente, la Pascua también llega con un conejo que entrega huevos. En el lado religioso, los cristianos celebran la Pascua como el día en que Jesús vence la muerte y se levanta del sepulcro. En el hemisferio Norte, el equinoccio de primavera es cuando el sol sale sobre el horizonte, y la luz vence la oscuridad. El Dios wicca también está saliendo y tomando su poder.

Es común tener muchas flores en un círculo wicca de equinoccio de primavera. Esto es en parte porque son hermosas y están disponibles, y todo florece alrededor de nosotros, pero, como cualquier aficionado de Georgia O'keefe le dirá, las flores, como esos huevos y conejos, son símbolos de sexo y fertilidad, así que hay más de una razón para que sean incluidas.

El equilibrio de luz y oscuridad es importante en los equinoccios de primavera y otoño. En estos tiempos, los practicantes son conscientes de la polaridad de oscuridad y luz y la importancia de una para la otra. Muchas personas espirituales, wicca y no wicca, ven la religión como una forma de buscar equilibrio en sus vidas; equilibrio entre trabajo y diversión, ego y humildad, compasión y fuerza, cielo y tierra. Sin embargo, los dos equinoccios también nos indican qué tan anormal es el equilibrio. Ponemos mucha atención al equilibrio como uno de los objetivos de nuestra vida, visitamos a un terapeuta, realizamos un retiro, usamos drogas y alcohol, nos unimos a un grupo de ayuda, y hacemos innumerables cosas para tratar de lograrlo. No obstante, los equinoccios nos recuerdan que el día y la noche sólo están equilibrados dos días al año. El estado de equilibrio, aunque deseable, no es común. Naturalmente, los dos días en que el mundo parece estar en equilibrio son días de gran poder, y aunque el equinoccio de primavera se ubica en el punto de equilibrio, podemos sentir la energía inclinándose hacia la luz.

Hay una jovialidad en el equinoccio de primavera. Algunos wicca ven la Diosa como una doncella y el Dios como un adolescente en este sabbat. El trabajo arduo del invierno ha terminado, y la cosecha aún está por venir, así que es tiempo de relajarse y disfrutar el bello mundo que florece alrededor de nosotros.

Como probablemente ya lo ha supuesto, el sabbat opuesto al equinoccio de primavera es el equinoccio de otoño, en septiembre 21. Los adornos para un altar estacional de equinoccio de primavera podrían incluir flores, huevos, semillas e imágenes de conejos.

Mayo 1: Beltane

En Beltane, muchos celebran la unión sexual del Dios y la Diosa y lo que esto produce: campos fértiles, la cosecha, sustento para otro año, y un nuevo ciclo de vida. En Beltane, en partes de Europa en siglos pasados, mujeres jóvenes iban a "a-Maying" toda la noche en el bosque con sus enamorados, y muchas regresaban embarazadas. También "bendecían" los campos cultivados haciendo el amor en los surcos. No hay nada sutil en Beltane; a pesar de sus adornos de diversión y juegos, no es una fiesta para menores de edad.

Tal vez el símbolo más conocido de Beltane, o fiesta del primero de mayo, es el "maypole" —un poste largo de madera a veces adornado con variedad de cintas de colores en su parte superior, y cubierto con adornos y flores dependiendo la región donde se practica la tradición—. La parte superior del poste penetra una guirnalda de flores, de la cual caen cintas de color. Hombres y mujeres, divididos por género en dos círculos concéntricos, bailan alrededor del poste en direcciones contrarias mientras sostienen los extremos de las cintas, entretejiéndose hasta que el poste quede completamente atado. El simbolismo es obvio.

Se dice que la corte de hadas se desplaza dos veces al año, y algunos wicca creen que Beltane es uno de esos tiempos. Aquellos que trabajan con las hadas podrían dejar libaciones tales como pastel o platillo de leche para honrarlas y apaciguarlas para que no hagan travesuras.

En Beltane, el Dios es a menudo mostrado como el hombre verde —un hombre completamente vestido o cubierto de follaje. El hombre verde es señor del bosque y las cosas crecientes —la esencia de la vida vegetal—. Hay un lado salvaje, cruel e impredecible en él, pero también un lado amable. Si tiene ganas de vagar por el bosque bajo la luna en Beltane, podría estar conectado con el hombre verde. Sólo sea cuidadoso, porque incluso el hombre verde puede tropezar en una raíz o golpear su cabeza con una rama baja en la oscuridad.

Mientras el ambiente del equinoccio de primavera es jovial, Beltane es alegre. El Dios y la Diosa están maduros, fuertes y enamorados. A menudo hay mucho festejo en las celebraciones de Beltane, y algunos incluyen cerveza porque es hecha de John Barleycorn, el grano, asociado con el hombre verde. Los ritos de Beltane wicca, como los del equinoccio de primavera, están llenos de flores y verduras, y las mujeres, y a veces los hombres, usan guirnaldas en la cabeza. Como Imbolc, Beltane es un festival de fuego, y las ceremonias wicca al aire libre frecuentemente incluyen una hoguera. Las parejas se toman de la mano y saltan sobre el fuego para aumentar su fertilidad. Si hace esto, tenga a la mano un extintor, haga una hoguera pequeña, no use nada que se arrastre en las llamas, ¡sea cuidadoso! Los ritos también pueden contener rituales de sexo simbólicos, y es común que parejas establecidas salgan a hurtadillas y vayan a hacer el amor después de que el círculo es deshecho. Sobra decir que la magia para concebir un hijo es a menudo realizada en Beltane.

El sabbat opuesto a Beltane es Samhain o Halloween, en octubre 31. Adornos para un altar estacional de Beltane podrían incluir flores, verduras, cintas y símbolos fálicos.

Junio 21: Solsticio de verano, Pleno verano, Litha

El solsticio de verano es el día más largo del año en el hemisferio Norte, y el sol alcanza su máximo poder. En el solsticio de verano, algunos creen que el Dios está en su máxima gloria y la Diosa está embarazada del hijo y la cosecha. Otros wicca celebran esta fiesta como el día en que la mitad oscura del año vence a la mitad clara. Esto es a veces simbolizado como una batalla entre dos reyes: el rey roble y el rey acebo.

La idea del rey roble/rey acebo puede haber sido creada de fragmentos de una antigua tradición europea. El solsticio de verano era un festival de fuego en gran parte de la Europa antigua —el último ¡hurra! antes de que los días empezaran a acortarse de nuevo—. Una costumbre era encender barriles y hacerlos rodar por las colinas para representar el sol. En ceremonias francesas, los hombres escogidos como "reyes" renunciaban a sus coronas y fingían morir, representando la luz dando paso a la oscuridad y el giro del año. La leyenda dice que el rey Luis XIV —llamado el "Rey Sol" por su riqueza y porque se identificaba con Apolo, el dios solar griego— fue el último rey francés en participar en este rito. Según Sir James Frazer en *The Golden Bough:*

> Los reyes franceses a menudo presenciaban estos espectáculos e incluso prendían la hoguera con sus propias manos. En 1648, Luís el decimocuarto, coronado con una guirnalda de rosas y llevando un ramo de rosas en su mano, prendió el fuego, bailó junto a él y participó en el banquete

> después en la casa de ayuntamiento. Pero esta fue la última ocasión en que un monarca presidió la hoguera de pleno verano en París.[1]

Sin embargo, Frazer creía que las hogueras de pleno verano/solsticio de verano no tenían que ver con reyes, sino para protección contra hechiceras. Una leyenda distinta dice que Luís prohibió las hogueras de pleno verano.

Ya sea que el Dios ceda o mantenga su posición, en el solsticio de verano alcanza su punto más alto, y desde ahí puede mirar los meses que han pasado y lo que vendrá. Debido a esto, algunos wicca creen que la adivinación es especialmente efectiva en este solsticio.

Como el Beltane, se dice que el solsticio de verano es uno de los períodos del año en que la corte de hadas cambia de residencia. Cualquiera que haya visto luciérnagas revoloteando en la noche de pleno verano, podría creer que esto es cierto, y ciertamente Shakespeare creía que había suficiente conexión entre las hadas y el solsticio de verano para escribir una obra completa al respecto.

Aunque reconocen la Diosa embarazada, los ritos del solsticio de verano wicca tienden a ser adaptados hacia el Dios. Usualmente incluyen hogueras, incluso si tienen que ser pequeñas y hechas en casa, pero si los wicca tienen el lujo de espacio al aire libre y privacidad, a menudo bailan alrededor del fuego. El ambiente apropiado de un solsticio de verano wicca es como una fiesta estridente teñida

---

1. Sir James Frazer, *The Golden Bough* (1922; reimpreso, London: Penguin Books, 1996).

del conocimiento de que mañana es un día más oscuro y serio. Como el encanto de las hadas de Shakespeare, trae una sensación de juerga alegre pero fugaz.

El sabbat opuesto al solsticio de verano es Yule —el solsticio de invierno—, en diciembre 21. Adornos para un altar estacional de solsticio de verano incluyen hojas de roble, símbolos del sol, y flores, especialmente rosas o girasoles.

Agosto 1: Lammas, Lughnasadh

Los wicca a veces aluden a Lammas, o Lughnasadh, como el primero de los tres festivales de la cosecha. En el hemisferio norte, en Lammas los primeros granos y frutos son cosechados. Los granos —trigo, maíz y cebada— son unos de los principales símbolos de esta fiesta. Los wicca dan gracias por la generosidad de la tierra. Otro tema importante de esta fiesta es el sacrificio; no sacrificio humano o animal (recuerde, ¡los wicca no hacen ninguna de estas cosas!), sino el conocimiento de que todo tiene un precio, y que debe renunciarse a una cosa para permitir el nacimiento de otra.

La palabra Lammas es considerada una corrupción de la frase "Loaf Mass", que era una celebración europea donde se horneaba pan de la primera cosecha de trigo. Se cree que el trigo o los granos son un símbolo del Dios, y algunos wicca señalan a Lammas como la muerte del Dios; el momento en que renuncia a su fuerza vital para sostener la humanidad y empieza a descender al inframundo, de donde después renacerá.

Estas son varias leyendas sobre el "rey sagrado" o "rey divino" europeo asociado con esta fiesta. La idea básica es que "el rey y la tierra son uno". El rey es el representante de la gente y el Dios, y la tierra es la Diosa. En Beltane, se unen para crear los frutos de la cosecha, y en Lammas, el rey/Dios muere para alimentar la gente e iniciar el ciclo de renacimiento.

Es una antigua idea que en tiempos de hambruna, el rey, como el emisario del pueblo, era sacrificado para producir la cosecha. Después de todo, si necesitamos apaciguar las fuerzas de la naturaleza, no entregamos una persona débil, entregamos la más fuerte. Si era imposible o poco práctico sacrificar el rey, un noble era ofrecido como sustituto. Como mencioné en el capítulo 1, la doctora Margaret Murray y otros, incluyendo a Gerald Gardner, formaron la hipótesis de que esta leyenda había sido representada una y otra vez por reyes reales en la historia británica. Creían que la sangre real había sido derramada para defender a Inglaterra contra la Armada Invencible, y que Thomas à Becket había sido sustituto de un rey sagrado. En uno de sus libros, Gardner incluso escribe sobre hechiceros de Inglaterra reuniéndose para un gran ritual durante la II Guerra Mundial para repeler a Hitler. En su relato, ellos enviaron mágicamente a Hitler el mensaje "no puede venir", y gastaron tanta energía en el ritual que murieron unos de los hechiceros más viejos. Hay una novela llamada *Lammas Night*, de Katherine Kurtz, que contiene una "historia" fantástica del rey divino británico, y la película wicca estupenda aunque de mala calidad

The Wicker Man (1973), cubre parte de eso, aunque inexplicablemente es ubicada en Beltane en lugar de Lammas. (Si la alquila, consiga la versión británica y no la versión recortada norteamericana editada por Roger Corman).

Que si el material de este rey sagrado es cierto es más que cuestionable, y Gardner y Murray han sido criticados interminablemente por propagarlo. Sin embargo, está entretejido en el folklore y simbolismo de Lammas. En Lammas, y en Loaf Mass, el pan era a veces horneado en forma de hombre y partido en dos para simbolizar el sacrificio del rey sagrado o su sustituto. Algunos wicca siguen esta tradición en sus rituales de Lammas; otros prefieren el simbolismo de John Barleycorn. Hay varias canciones populares antiguas que personifican la cebada (barley) como John Barleycorn, y honran su fallecimiento y renacimiento como cerveza. Desde luego, en un sabbat de Lammas la cerveza es más diversión que una barra de pan.

El otro nombre wicca común para este sabbat, Lughnasadh, significa algo como "los juegos de Lugh" o "el festival de Lugh". Lugh era el dios céltico de la luz y el sol, y cargaba una lanza mágica. La competencia y los juegos, asociados con Lugh, son comunes en este sabbat.

Lammas es generalmente un sabbat alegre, pero está teñido del conocimiento de la muerte y la venidera oscuridad. Lo que disfrutamos en la cosecha tiene un precio; la muerte de la semilla significa vida para todos nosotros. Todos los sabbats señalan puntos de cambio en el año, pero la transformación es acentuada en Lammas.

Lammas está opuesto a Imbolc en la rueda del año. En Imbolc, los wicca celebran el potencial de la luz y el Dios, y en Lammas disfrutan los frutos de ese potencial.

Adornos para un altar estacional en Lammas podrían incluir pan, trigo, cerveza, o una hoz.

Septiembre 21: Equinoccio de otoño, Mabon

Muchos wicca celebran el equinoccio de otoño como la segunda de tres cosechas. La sensación del invierno acercándose es más intensa, y de nuevo el día y la noche son iguales, pero esta vez la luz da paso a la oscuridad.

Mabon es el dios galés de la música, a veces llamado "el joven divino", y hay mucha especulación acerca de cómo su nombre fue asociado con este sabbat. Personalmente, no sé cuál es la verdadera respuesta para eso, pero he incluido el nombre aquí porque si pasa con wicca suficiente tiempo, es seguro que lo oirá.

Algunos celebran el equinoccio de otoño como el tiempo en que la Diosa o el Dios desciende al inframundo. Hay muchos mitos y leyendas del inframundo en todo el mundo. Una de las más famosas es la historia griega de Deméter y su hija Perséfone. Hay muchas variaciones en este mito, pero lo esencial es que Hades, dios del infierno, rapta a Perséfone para que sea su reina, y Deméter, diosa de los granos, arruina la tierra y no permitirá que algo crezca hasta que Perséfone sea regresada a ella. Pero mientras está en el inframundo, Perséfone come semillas de granada. Cualquiera que coma algo en el inframundo tiene que permanecer ahí (esto va también para los reinos de hadas, en caso de que alguna vez se encuentre ahí), pero debido a que el mundo está sufriendo bajo la plaga, los dioses hacen un trato en el que Perséfone permanecerá en el inframundo durante tres o seis meses (uno por cada semilla que comió) y regresará a la tierra por el resto del año. Cuando Perséfone regresa a la tierra, ha cambiado porque experimentó la muerte, por eso los wicca la ven como un símbolo de transformación y sabiduría. Muchos wicca incluyen granadas en sus ceremonias de equinoccio de otoño en honor de Perséfone.

Uno de los aspectos del Dios wicca es que es el rey de los muertos, y en esta fiesta algunos wicca creen que él toma esa corona. Otros creen que lo hace en Lammas o Samhain.

Incluso otros señalan el equinoccio de otoño con fiestas para Dionisios y Baco, los dioses griego y romano de la uva y el vino. Dionisios es a menudo mostrado cubierto de hojas de uva. El vino es un símbolo de sangre, sacrificio y juventud, y Dionisios representa todas estas cosas, además de transformación y éxtasis. Las fiestas para Dionisios, llamadas "Dionisias", a menudo incluían bailar y beber frenéticamente, y Dionisios era conocido como un dios de fertilidad y fecundidad. En algunos mitos, se decía que sus compañeras, las ménades, dejaban la sociedad regular y vivían en el bosque, donde hacían pedazos a cualquier hombre que se atrevía a poner un pie en su vecindad. En el equinoccio de otoño, algunos wicca hacen vino para honrar a Dionisios, y otros simplemente beben el vino y disfrutan unas Dionisias un poco estridentes.

Como ya mencioné, el sabbat opuesto al equinoccio de otoño en la rueda es el equinoccio de primavera. En éste, el Dios, como el sol, está elevándose en su poder, y en el equinoccio de otoño está debilitándose o muriendo. Como en el equinoccio de primavera, los wicca se detienen en el equinoccio de otoño y señalan el día del equilibrio, sabiendo que es fugaz y poderoso.

Adornos para un altar estacional de equinoccio de otoño podrían incluir granadas, uvas y vides, hojas de otoño, cuernas y tallos de maíz.

Octubre 31: Samhain, Halloween

La mayoría de wicca se refiere a Halloween como Samhain. Hubo una idea disparatada propuesta por un folklorista del siglo XIX, y tomada por varios autores después, que Samhain (o Sam Hain) es el nombre del dios céltico de los muertos, y algunos cristianos fundamentalistas (especialmente los fabricantes de folletos cristianos que equiparan al "dios de los muertos" con "Satanás") perpetúan este argumento. Sin embargo, la palabra Samhain es en realidad el término irlandés para "noviembre" —nada extravagante u oculto al respecto—.

Muchos wicca le dirán que Samhain es su fiesta favorita, porque pueden andar entre gente "normal" sin sobresalir tanto como lo hacen el resto del año. En Samhain, los wicca creen que el otro mundo está a la mano, de modo que los seres queridos fallecidos (y los no tan queridos también) pueden cruzar para visitar a los vivos. Algunos wicca consideran a Samhain como el año nuevo wicca, y otros lo ven como la tercera y última cosecha.

Anteriormente, Samhain era el tiempo en el hemisferio norte cuando los animales más débiles eran seleccionados de una manada y sacrificados, para alimentar las personas durante el invierno y también para que la comida fuera conservada y usada para los animales más fuertes. Esta es una de las razones por las que esta fiesta tiene tal asociación con la sangre y la muerte. La sangre, naturalmente, representa la línea de abolengo, y los wicca reciben el regreso de sus muertos en Samhain. Muchos wicca crean altares de antepasados y rituales para animar a los espíritus de sus seres queridos a que regresen. Algunos preparan platos de comida para los muertos, y otros hacen cenas completamente en silencio, con una silla y un plato de comida puesto en la mesa para los muertos.

Esta es otra de esas noches en que se dice que las hadas cambian de residencia. Muchas historias de Samhain acerca de las hadas se centran alrededor de la cacería salvaje. Ésta es un desfile de hadas a través del cielo, acompañadas por los muertos, los humanos en la tierra de las hadas y otros seres espectrales, todos montados en animales. Algunos wicca creen que las hadas son simplemente hechiceras en "el otro lado". La cacería salvaje es conducida por el Dios en algunas historias, y a veces por la Diosa. Como mencioné antes, uno de los aspectos del Dios wicca es el señor de los muertos, así que parece apropiado que él dirija la cacería.

Como el señor de los muertos, el Dios reside en el inframundo, esperando recibir las almas de los muertos y prepararlas para el renacimiento. La Diosa es despojada del Dios en este tiempo, pero también está embarazada del futuro Dios. Algunos wicca creen que la Diosa está en su fase de anciana y sabia en Samhain. La energía de este sabbat se dirige hacia dentro, y durante este tiempo los wicca entran en una parte más reflexiva del año donde descansan y esperan el renacimiento del Dios en Yule y después la chispa de la vida en Imbolc.

Puesto que, como les gusta decir a los wicca, en Samhain "el velo entre los mundos es delgado", es un tiempo magnífico para adivinación. Aunque la asociación con Halloween y la adivinación ha existido durante siglos, creció considerablemente en la época victoriana, cuando mujeres jóvenes en particular usaban diversos métodos disparatados para tratar de determinar con quién se casarían. Pelaban una manzana, tiraban la piel sobre el hombro, y buscaban que la inicial de su enamorado apareciera en ella, o tostaban castañas sobre un fuego, dando a cada una el nombre de un potencial pretendiente y viendo cuál reventaba primero. La mayoría de wicca no hace estas cosas, pero sacan las cartas del tarot o las cartas astrológicas alrededor de Samhain. Si es el año nuevo wicca, es un buen tiempo para mirar hacia adelante.

La mayoría de los practicantes adoptan cosas seculares del Halloween como todos los demás; las costumbres, fiestas, calabazas, dulces y el gusto por un buen susto. Algunos se ofenden por la imagen de la bruja de cara verde con sombrero puntiagudo que vuela en su escoba en esta parte del año, pero otros la celebran como un símbolo de la supervivencia de la tradición pagana y el poder femenino. La cara verde representa, entre otras cosas, fertilidad (no mareo), al igual que la escoba, y algunos ven el sombrero como un símbolo de poder.

Samhain y su sabbat opuesto, Beltane, forman la polaridad de sexo y muerte —el principio y fin de la vida—. En Beltane en las islas Británicas, la gente arreaba el ganado entre dos hogueras para aumentar su fertilidad; en Samhain, parte de ese ganado era sacrificado para el invierno. En Beltane, el Dios y la Diosa se unen; en Samhain son separados por la muerte. Samhain tiene un elemento serio y solemne, pero también es un tiempo alegre de juegos, recuerdos y reunión con los que ya se fueron.

Adornos para un altar estacional en Samhain podrían incluir calabazas, herramientas de adivinación tales como un espejo o cartas del tarot, manzanas, hojas de otoño o esqueletos.

Diciembre 21: Solsticio de invierno, Yule

Las dos fiestas cristianas más populares —Pascua y Navidad— también son las dos más paganas. En la wicca, muchos celebran el solsticio de invierno, más comúnmente llamado Yule, como el nacimiento del Dios, así como lo hacen los cristianos. En Yule, el nuevo Dios llega a la tierra, trayendo esperanza y luz. Yule en el hemisferio norte es el día más corto y oscuro del año, pero también es el día en que empieza el cambio hacia la luz y el calor. Algunos wicca creen que en Yule el rey roble, Dios de la mitad clara del año, vence al rey acebo, Dios de la mitad oscura, quien inicia su dominio en el solsticio de verano.

Los wicca celebran Yule trayendo a la casa ramas de acebo o árboles de hoja perenne para estimular el crecimiento de la vida y el regreso del calor. Esto puede incluir un árbol de Navidad —un árbol de Yule, en realidad— adornado con símbolos del sol, entre otras cosas. También puede haber guirnaldas y muérdago. El muérdago es un parásito del roble, lo cual es otra pista para el origen del mito del rey roble.

Como en Imbolc, las celebraciones wicca en Yule incluyen muchas velas y enfoque en el fuego y la luz. Los wicca que tienen chimenea podrían quemar un leño de Yule, encendido con un trozo del leño del año anterior.

Los wicca tienden a celebrar banquetes, dar regalos y enfocarse en los niños en Yule, como lo hacen los cristianos. La narración de cuentos, juegos y canciones son comunes en rituales wicca en Yule. Cualquier cosa que traiga alegría a la parte más oscura del año es bienvenida. La Diosa es a veces honrada como la madre del Dios en Yule.

En el sabbat opuesto, el solsticio de verano, el Dios alcanza su punto más elevado, mientras en Yule apenas inicia su ascenso. Mientras el solsticio de verano señala el comienzo en una retracción —hacia dentro—, Yule señala un flujo de energía hacia fuera —una expansión—.

Adornos para un altar estacional en Yule podrían incluir acebo, muérdago, piñas, velas y símbolos del sol.

Mientras aprende más sobre la wicca, debe experimentar escribiendo rituales de sabbat y descubrir cuáles símbolos significan más para usted en cada celebración. Complemente esta breve introducción con material de libros en la lista de lecturas recomendadas, prácticas aprendidas de otros wicca, y su propia experiencia personal. El siguiente capítulo le mostrará cómo tomar todos los componentes del ritual ya vistos y unirlos en un ritual completo.

CAPÍTULO DIEZ

UNIÉNDOLO TODO:
Usar lo que ha aprendido

Hasta ahora ha leído algo sobre la teoría wicca; ha practicado cómo sentir, descargar y la protección de energía. Ha realizado meditación y visualización guiada. Ha aprendido sobre el círculo wicca, las direcciones y los elementos, los dioses y los sabbats. Supongo que si asimiló todo ese material, tiene suficiente interés en intentar su primer ritual wicca completo. Por tal razón, en este capítulo, voy a mostrarle cómo unir todo lo que aprendió para crear un ritual wicca que sea significativo para usted. Es bueno empezar con un sabbat, luna llena u ocasión especial que le hable a través de una imagen, símbolo o metáfora, o que le llame la atención, porque su interés y curiosidad adicional harán que las partes del ritual se unan fácilmente. Voy a usar una celebración de Samhain como ejemplo porque muchos practicantes adoran el Samhain y el simbolismo es fácil de entender, pero no dude en crear un ritual para la ocasión que desee.

Escribir y reunir objetos para el ritual

Debido a que este es su primer sabbat, es buena idea empezar haciendo una investigación. Sí, la investigación puede ser un obstáculo, pero si está interesado en la wicca y la fiesta que escogió, no debe ser tan aburrido, y a menudo algo que descubra en la investigación lo inspirará. Recuerde, una de las principales características de la wicca es que no hay sacerdocio centralizado, nadie le dirá exactamente lo que los sabbats y rituales deberían significar para usted, así que la carga y el privilegio de comprender esto son sólo suyos. Mire la sección de sabbats de otros libros de wicca o en sitios wicca en la Internet. Busque las hierbas y aceites apropiados para Samhain; averigüe sobre los dioses y diosas (si los hay) asociados con el sabbat. Revise algunos libros sobre folklore y costumbres de otoño. Medite en lo que la fiesta significa para usted, y pregúnteles a otros lo que significa para ellos. Una advertencia: sólo porque algo está escrito en un libro, puesto en la Internet, o confirmado en un "chat" (conversación) o correo electrónico sobre la wicca, no significa que sea cierto. Revise bien su información. Hay mucho material magnífico en la Internet, pero con respecto a la wicca, hay una cantidad igual de basura. Al final de este libro he listado publicaciones y recursos razonablemente confiables.

Una vez que haya hecho esto, trate de sintetizar la información y escoger dos o tres temas que le llamen la atención. Para los propósitos del ejemplo, digamos que ha investigado sobre Samhain, y quiere enfocarse en él como la entrada a la parte más oscura del año e incluir un tipo de ritual en honor de sus antepasados. Con eso en mente, deberá decidir exactamente cómo le gustaría honrar a los ancestros. En nuestros círculos de entrenamiento, a menudo encendemos velas para ellos, incluimos sus fotografías en el altar, y les preparamos un plato especial de comida. Usted puede escribir algo para decirle a cada uno de los antepasados con quienes tuvo una relación especial, o algo que pueda decir a todos colectivamente. Si un ser querido falleció recientemente, asegúrese de incluir una afirmación especial para él o ella. Tampoco olvide a los animales. En nuestra experiencia, cuando llamamos los seres queridos fallecidos en Samhain, los espíritus de las mascotas aparecen al lado de los de nuestras familias.

Una vez que tenga un plan para la parte central de su ritual, es tiempo de reunir las cosas que necesitará para llevarlo a cabo. Para este ritual de Samhain, podría conseguir:

- Una vela negra o blanca para cada antepasado que quiera llamar específicamente, o una vela para todos.
- Un calderón con arena o un candelero para la vela(s) de los ancestros.

- Un plato especial con las comidas favoritas de sus antepasados (no sea romántico aquí; si les gustaban los dulces y el tocino, inclúyalos).
- Un vaso o cáliz adicional para los ancestros.
- Una jack-o'-lantern (linterna que se hace colocando una vela encendida en una calabaza cortada de modo que remede las facciones humanas) para iluminarles el camino.
- Fotografías de sus antepasados (si las fotos no están enmarcadas, considere ponerlas en un marco o protegerlas en una bolsa plástica porque tienden a terminar dañadas por cera de la vela, vino o agua salada).
- Una botella de vino o jugo y un sacacorchos.
- Un plato con tres pasteles pequeños (las galletas funcionan bien) para la ceremonia de pasteles y vino (que explicaré en la siguiente sección).
- Un tazón pequeño para hacer una libación (también explicada en la siguiente sección).
- Una pequeña cantidad de aceite para ungir la vela de los ancestros (este puede ser un aceite aromatizado que asocie con Samhain o sus antepasados, o simplemente aceite de oliva —si usa una mezcla de aceites esenciales, haga su trabajo y asegúrese de que sea apropiada sobre su piel—).
- Un aparato para escuchar CDs (discos compactos) y música que lo inspire (opcional).
- Adornos del altar estilo Samhain.

- Sus herramientas rituales, incluyendo la escoba, tazones de sal y agua, una vela y candelero para la Diosa y el Dios (y estatuas si las tiene), su athame, una vela y candelero para cada dirección, incienso e incensario (puede conseguir incienso de Samhain especial en muchas tiendas esotéricas o en la Internet), y su cáliz o una copa para vino.
- Fósforos o un encendedor

Tal vez no necesite todas estas cosas cuando esté escribiendo su propio ritual, pero quise incluirlas aquí para que vea cómo son usadas.

Otras cosas para el ritual

Hay tres cosas pequeñas comunes en los rituales wicca que todavía no he presentado: la bendición del círculo, la ceremonia de pasteles y vino, y las libaciones. Como pasa con todo en la práctica wicca, no todos los practicantes usan estos componentes. Voy a incluirlos en el ritual de Samhain para que los vea en contexto.

Bendición del círculo

Muchos wicca hacen una bendición del círculo después de que es trazado y que las direcciones, el Dios y la Diosa son evocados. La bendición sirve de afirmación de que el círculo está completo, es espacio sagrado y el sitio está listo para el ritual que va a hacer, es el círculo entre los mundos. La bendición y otras partes de un ritual wicca a menudo terminan con la frase "que así sea". Esencialmente, esto es la forma wicca de decir "es así porque lo digo y es mi voluntad". El siguiente es un ejemplo de bendición del círculo:

Gran Dios y Diosa, he creado este círculo con amor y honor. Es un lugar sagrado entre el mundo humano y el reino espiritual, donde hago mi voluntad en ambos. Que así sea.

Ceremonia de pasteles y vino

En esta ceremonia se bendicen un cáliz con vino y un plato con pasteles en honor del Dios y la Diosa. El vino y la copa simbolizan la sangre y matriz de la Diosa, y los pasteles son hechos de grano, un símbolo del Dios. Son consumidos juntos en reconocimiento de la unión del Dios y la Diosa y su resultado —los frutos de la tierra que sostienen la vida humana—. Durante la ceremonia, se colocan los pasteles y el vino en el altar, se sostiene el athame sobre ellos, y se visualiza la energía del Dios y la Diosa penetrando mientras se dice algo sencillo como:

Bendigo estos pasteles y vino en los nombres del Gran Dios y la Gran Diosa.

Libaciones

Algunos wicca, incluido nuestro grupo, hacen libaciones para el Dios y la Diosa dentro del círculo. Esto significa que reservamos parte de lo que comemos o bebemos en el círculo para ser devuelto a los dioses. Ponemos las libaciones en un tazón o un plato y lo dejamos en el jardín. Durante la ceremonia de pasteles y vino, a menudo se consagra un pastel adicional y se coloca en el tazón de libación junto con parte del vino de la copa. Si los wicca comparten una comida en el círculo (a veces llamamos jocosamente a estos "desperdicios"), también ponen un poco de cada alimento o bebida en el tazón.

Usted puede escribir o crear sus propias versiones de cada una de estas partes adicionales.

Preparación personal

Hay dos cosas más que se realizan con frecuencia antes del ritual: el baño o ducha ritual y el traje que se usará.

Baño para el ritual

Se considera inapropiado entrar a un círculo wicca sin haber tomado un baño o ducha. Es irrespetuoso para los dioses, y, dependiendo de cuánto tiempo ha pasado desde que tomó su último baño o ducha, es una distracción para alguien más que esté en el círculo con usted. Muchos wicca ven el baño ritual como una oportunidad para desprenderse de la energía indeseada que absorbieron durante el día y prepararse para entrar al espacio sagrado. También ayuda a fijar el ambiente y propósito para el ritual.

Un baño ritual no tiene que ser exagerado; puede ser sólo un baño o ducha normal. Conozco a alguien que pone sal y agua caliente en una taza y se la echa en la cabeza mientras se está duchando, pero usted puede simplemente adicionar sal al agua con que se bañará, si así lo desea. También puede bañarse con un jabón especial, con sales para el baño o aceites asociados con el sabbat o la magia que hará en su círculo. De nuevo, recuerde informarse de los aceites y las hierbas antes de ponerlos en el baño. Algunos queman la piel, y otros son tóxicos. Los aceites tienden a flotar en la superficie en pequeñas burbujas, así que no cuente con el agua para diluirlas.

También puede prender incienso y velas y escuchar música en el cuarto de baño para crear el ambiente. Tenga cuidado de poner las velas en lugares seguros y mantenga el aparato para escuchar los discos compactos lejos de la tina.

Traje para el ritual

Alguien podría escribir un libro entero sobre el traje ritual wicca, o la ausencia del mismo. Los wicca frecuentemente elaboran o compran togas especiales para usar en el ritual. Pueden tener una que usan todo el tiempo, o varias con diferentes colores para cambiar con las estaciones. Si no es experto con la máquina de coser y no conoce a nadie que lo sea, puede encontrar togas en la Internet o en algunas tiendas esotéricas. A menudo hay anuncios en revistas wicca o en sitios web de personas que crean togas rituales. Si no encuentra una buena toga, busque quimonos en tiendas de ropa usada, sirven como magníficas togas. En caso necesario, una bata de baño sedosa será suficiente, si encuentra una que no luzca demasiado como ropa interior.

Algunos wicca tienen trajes especiales que usan sólo en el ritual. Pueden ser cualquier cosa que haga sentir al wicca que está vestido para entrar al espacio sagrado: vestidos, faldas, túnicas, pantalones anchos, faldas escocesas, sombreros, etc. Si practican al aire libre, los pueden usar capas.

Por una u otra razón, las chaquetas de plumas los abrigos de invierno no parecen muy especiales, pero también los he visto en círculos rituales al aire libre. Muchos permanecen descalzos en el círculo, pero esto no es necesario, y algunos usan zapatos o botas rituales especiales. Los calcetines son una buena idea si vive en clima frío o tiene pisos fríos.

Algunos trabajan en el círculo desnudos, a lo cual se refieren con la frase "ir skyclad", o vestidos únicamente por el cielo. La idea es que no hay toga o traje más sagrado que la piel con la que nacimos. Algunos creen que es más fácil acumular energía estando desnudo, porque no es bloqueada por la ropa, pero nunca he encontrado que esto sea cierto. Si está en el círculo solo o con un grupo de personas de confianza, puede intentar estar vestido de cielo —desnudo—. Es muy liberador, y una vez que esté en medio del ritual, tenderá a olvidar que se encuentra desnudo —a menos que choque contra una vela o riegue vino sobre sí mismo—. Si planea un círculo al desnudo y vive en un clima frío, prenda la calefacción con anterioridad o coloque un calentador en la habitación durante unos minutos.

A muchos wicca les agradan las joyas rituales. Las usan todo el tiempo o las reservan para el círculo, pero usted no tiene que ponérselas para ser un wicca. Muchos consagran sus principales joyas rituales, así como usted consagró sus herramientas en el capítulo 8, porque las ven como herramientas espirituales y las usan como una forma de alinearse con la divinidad. Ciertas tradiciones tienen joyas especiales que son usadas por personas de diferente rango, collares hechos de determinados materiales específicos de la tradición, o anillos y brazaletes grabados con símbolos especiales. Otras no permiten joyas en el círculo, ni joyas hechas de ciertos materiales o artificiales. Hay otras que no tienen reglas respecto a las joyas, aunque son consideradas malas si la persona usa tantas que si cae a un río con ellas, se ahogaría. No se ría; vaya a un ritual wicca público y verá al menos un practicante con el equivalente de las joyas de la corona británica.

Cuando las personas se convierten en wicca, a menudo compran pentaclos de plata como un símbolo de su filosofía. A veces nuevos practicantes los reciben como obsequios en sus iniciaciones o dedicaciones. Un collar de pentaclo puede ser sencillo o muy adornado, pero como dice la broma: es fácil identificar a nuevo practicante de wicca por el tamaño más grande de adorno que lleva puesto. Si vive en un área donde la wicca no es popular, o si teme que divulgar su práctica podría hacerle perder su empleo, puede usar su pentaclo debajo de la ropa, reservarlo para el círculo, renunciar a él completamente, o escoger otro símbolo que no sea tan reconocible por los no wicca, tal como un ankh —cruz egipcia—, una luna o un animal asociado con su diosa o dios preferido. Algunas personas renuncian al pentaclo porque no se "conectan" con él. Usted no tiene que usar uno para ser wicca. Tengo muchas joyas mágicas, pero no he usado un pentaclo en quince años.

Hay un sorprendente surtido de joyas wicca para la venta. Algunas son producidas comercialmente, y otras son hechas a mano por artesanos. Algunos prefieren las hechas a mano para apoyar a sus fabricantes. Otros creen que una pieza hecha a mano se siente más personal y pueden hacerla suya más fácilmente que si fuera producida en serie. Hay quienes compran lo que es bonito o significativo para ellos o lo fabrican.

Desarrollando el ritual

Ahora que ha decidido qué quiere hacer, escrito las partes que necesitaba escribir, reunido sus objetos rituales, y resuelto cómo le gustaría vestirse, es tiempo de unir todos los componentes que ha aprendido. El siguiente es un desarrollo paso a paso de nuestro ejemplo del ritual de Samhain. Lo he escrito para ser realizado por una sola persona. Puede usar este ritual como aquí aparece, pero mejor aún, utilícelo como un trampolín para escribir su propio ritual.

1. Reúna sus objetos rituales y organice su altar en el centro del espacio del círculo. No prenda ninguna de las velas todavía, pero tenga todo listo. Saque el incienso o carbón del paquete y póngalo en el incensario, y si es posible coloque debajo del altar la botella de vino, sacacorchos, plato de comida de antepasados, copa adicional y plato de pasteles, o en frente de él en el piso. Asegúrese de que los fósforos o el encendedor y el aceite especial estén a la mano. Ponga una vela apagada en un candelero de cualquier tipo en cada dirección. Si va a usar un calderón en el ritual, póngalo en el Oeste, la dirección de los antepasados y los

muertos (algunos usan el Norte). Si está usando el candelero para la vela(s) de los ancestros, póngalo en el altar. Coloque la 'jack-o'-lantern' en el Oeste. Ubique las fotos de sus antepasados en el altar o en el Oeste con la calabaza y el calderón. Cierre la puerta de la habitación del círculo si tiene mascotas.

2. Tome su baño ritual, y vístase con la ropa que ha escogido para el rito. Descargue su energía.
3. Limpie el espacio ritual como lo hizo en el capítulo 5 (vea la sección "preparar el espacio"). Usar la escoba es especialmente apropiado para Samhain. (Puede montarse en ella si quiere —nadie está mirando—).
4. Usando su athame, trace su círculo, comenzando en el Norte. Escogí el Norte porque muchos lo asocian con la Diosa y la tierra, y debido a que Samhain es una fiesta acerca de la muerte y renacimiento, parece conveniente que empiece y termine su círculo en la dirección de la tierra que nos da la vida y nos recibe en la muerte. (Si quiere, comience en una dirección diferente).
5. Usando la punta del athame eche tres veces sal en el tazón de agua, luego revuelva. Limpie la hoja con un trapo. Si no quiere su athame en agua salada, tome la sal, échela en el agua y revuelva con los dedos. Coja el tazón de agua salada, y comenzando en el Norte, muévase alrededor de su círculo, rociando el líquido a lo largo del borde del mismo.

6. Regrese al altar y prenda el carbón o palito de incienso. Ponga incienso suelto sobre el carbón, y, empezando en el Norte, camine con cuidado alrededor del círculo con el incensario humeante. Si su incensario está demasiado caliente para cogerlo, puede usar una manopla en el círculo o abanicar el humo del incienso en cada dirección.
7. Sostenga el athame y diríjase al Norte una vez más. Invoque el poder del Norte encendiendo la vela del Norte, trazando el pentagrama y diciendo algo como:

    Espíritus del Norte, poder de la tierra, los llamo para que se unan a mi círculo.

8. Repita en las otras tres direcciones, poniendo en el Este "poder del aire", en el Sur "poder del fuego", y en el Oeste "poder del agua".
9. Encienda la vela del Dios, párese con los brazos levantados en forma de Y, e invoque al Dios, diciendo algo como:

    Enciendo esta vela para el Dios.
    Señor del sol y los granos,
    Señor de la caza y el inframundo,
    Señor de la muerte y el renacimiento,
    quiero que estés aquí esta noche en mi círculo sagrado de Samhain.

10. Encienda la vela de la Diosa, párese con los brazos levantados en forma de Y, e invoque la Diosa, diciendo algo como:

> *Enciendo esta vela para la Diosa.*
> *Señora del cielo y la tierra,*
> *Señora de la luna y los misterios,*
> *Madre de todo,*
> *quiero que estés aquí esta noche en mi círculo sagrado de Samhain.*

11. Haga la bendición de su círculo:

    Gran Dios y Diosa, he creado este círculo con amor. Es un lugar sagrado entre el mundo humano y el reino espiritual, donde los honro y hago mi voluntad. Que así sea.

12. Encienda la vela de la 'jack-o'-lantern', y diga algo como:

    Amigos, seres queridos y wicca que han pasado, es Samhain, y el velo entre los mundos es delgado. Únanse a mí y celebren.

13. Regrese al altar, tome la vela de sus antepasados, y únjala con un poco de aceite. Mientras frota el aceite en la vela, hable al ancestro(s) que ésta representa. Dígale algo que le diría si estuviera parado frente a usted. No tenga miedo de reír o llorar si se siente inclinado a hacerlo. Si no tiene nada profundo que decir, simplemente déle la bienvenida. Cuando haya ungido la vela y terminado de hablar, enciéndala y póngala en el calderón de renacimiento o en el candelero en el altar. Si está usando varias velas para representar diferentes antepasados, repita este proceso con cada vela hasta que termine.

14. Tome el plato de comida de antepasados y sosténgalo sobre el altar, diciendo algo como:

    Dedico esta comida a mis amigos y seres queridos que han pasado más allá del velo y regresado a mí esta noche. Siempre estoy con ustedes, como ustedes están conmigo. Bendita sea.

15. Coloque el plato de los antepasados y la copa adicional (vacía) en el Oeste.

16. Siéntese en frente del altar, relájese y medite o comuníquese con los espíritus de sus seres queridos. Piense en cómo afectaron su vida y los momentos felices que tuvieron juntos. Si no estuvo inclinado a hablar cuando ungió las velas, puede dirigirse a sus ancestros ahora.

17. Cuando termine, destape la botella de vino si no lo ha hecho, y vierta un poco en el cáliz. Ponga el plato de pasteles en el altar. Bendiga los pasteles y el vino sosteniendo las manos sobre ellos, tomando energía de la tierra, y visualizando la energía penetrando los pasteles y el vino, mientras dice algo como:

    Bendigo estos pasteles y el vino en los nombres del Gran Dios y la Gran Diosa.

18. Levante la copa de vino sobre el altar para saludar al Dios y la Diosa, y diríjala hacia el Oeste para saludar a los ancestros. Vierta un poco de vino del cáliz al tazón de libación, luego vierta un poco en la copa de los antepasados vacía. Beba el resto del vino en su copa.

19. Salude al Dios, a la Diosa y a los antepasados con el plato de pasteles. Descargue un pastel en el tazón de libación, ponga uno en el plato de los ancestros y cómase el resto.
20. Cuando termine, agradezca a sus ancestros por unirse a usted, mirando al Oeste y diciendo algo como:

    Amigos y seres queridos, gracias por su presencia aquí esta noche. Su visita me ha llenado de alegría. Regresen ahora al mundo de los espíritus. Que así sea.

21. Apague la vela de la calabaza. Puede dejar las velas de los ancestros prendidas, o también apagarlas ahora.
22. Mire hacia el altar, levante los brazos en forma de Y, y agradezca al Dios y la Diosa por venir, diciendo algo como:

    Gran Dios y Diosa, gracias por unirse a mí y bendecir mi ritual de Samhain. Salve, y adiós.

23. Apague las velas del Dios y la Diosa.
24. Diríjase al Norte y libere esta dirección trazando el pentagrama de destierro y diciendo algo como:

    Espíritus del Norte, gracias por asistir a mi ritual. Adiós.

25. Apague la vela del Norte, y repita con las otras tres direcciones, avanzando en sentido contrario al de las manecillas del reloj.

26. Regrese al Norte, y deshaga el círculo usando su athame, moviéndose por el borde en sentido contrario al de las manecillas del reloj. Recuerde descargar la energía; no la deje en su cuerpo.
27. Equilibre su energía de nuevo para asegurar que ha sacado todo el exceso de energía terrestre de su cuerpo.
28. Si dejó prendidas las velas de los ancestros, esté pendiente de ellas hasta que se apaguen, o apáguelas ahora.
29. Lleve afuera el tazón de libación y el plato de los ancestros. Usualmente ponemos el contenido del tazón de libación en el abono, y el plato de los ancestros en el jardín. Regresamos por el plato vacío uno o dos días después.

Acaba de terminar un ritual de sabbat wicca completo. Escriba sus experiencias en el diario o libro de las sombras. Tome nota de lo que funcionó y no funcionó, y de los mensajes, si los hubo, que obtuvo de sus seres queridos. Seguir la pista de estas cosas le ayudará a descubrir lo que en realidad se conecta con usted en el ritual.

CAPÍTULO ONCE

LA CURIOSIDAD EN LA MAGIA . . .

Muchas personas son atraídas inicialmente a la wicca porque sus practicantes realizan magia. Tal vez han sido absorbidas por el encanto que esto ejerce, pero en muchos casos también parecen tener una profunda necesidad de transformación personal y tomar el control de sus vidas. Esto es bueno, porque en realidad no hay encanto en la magia, a pesar de lo que le hayan hecho creer programas de televisión. La magia es un trabajo desafiante, valioso y poderoso. Magia es hacer nuestra voluntad.

¿Qué es magia?

Como mencioné en el capítulo 2, una de las definiciones de magia más usadas entre los wicca es la de Aleister Crowley, o una variación de ella: Magia es "la ciencia y arte de hacer que un cambio ocurra en conformidad con la voluntad". La primera parte de esa definición es algo con lo que la mayoría de nosotros podemos relacionarnos —sin importar qué tan magnífica sea nuestra vida, siempre hay cosas que nos gustaría cambiar—. Los wicca hacen magia "cotidiana" para producir cosas que quieren —un nuevo empleo, amor, curación—, y si ha leído algo acerca de Crowley, sabrá que él tampoco era un hombre que se negaba a sí mismo sus deseos. Pero Crowley no habla simplemente de hacer magia para producir lo que queremos, también se refiere a hacer nuestra voluntad. Además de sus usos mundanos, la magia tiene un propósito "superior" —acercarnos a lo divino; alinearnos con los patrones de la naturaleza y el universo que debemos comprender para que nuestra magia funcione. Cuando realice un acto mágico de acuerdo con su verdadera voluntad, estará en armonía con la divinidad. Hacer magia produce cambio en el mundo, pero también genera transformación en nosotros. Dicho eso, la magia no tiene que ser compleja. Algunas de las magias más sencillas son las más efectivas, pero es importante recordar que hacer magia es más que cumplir con necesidades y deseos cotidianos.

¿Qué es un hechizo?

Al explicar lo que es un hechizo, algunos practicantes dicen, "un hechizo es como una oración". No estoy de acuerdo. Aunque en una oración y un hechizo estamos revelando nuestros deseos al universo, las semejanzas terminan ahí. Cuando usted ora por algo, le está pidiendo a Dios que lo ayude a lograr un objetivo. Cuando hace un hechizo, está diciéndole al universo que piensa producir un cambio y está poniendo en marcha la energía para lograr ese fin. Puede pedir ayuda de un dios o diosa en su hechizo, pero en realidad es usted quien hace el trabajo y mueve la energía para lograr del cambio deseado.

Un hechizo es una serie de acciones realizadas en una secuencia específica para manifestar un propósito. En términos más comunes, es una receta para producir cambio, pero en lugar de azúcar, harina y huevos, los ingredientes son cosas como las velas, las hierbas y los aceites, y en lugar de cernir, revolver u hornear, las instrucciones pueden incluir visualización, gestos, cantos, baile o movimiento, meditación, invocación y concentración. Un formato de hechizo básico es crear un espacio ritual, formular el propósito, visualizar el objetivo, acumular energía, transmitir la energía al objetivo, descargar la energía extra y cerrar el ritual. Cuando realiza un hechizo, está trabajando con el poder y los patrones energéticos de la naturaleza. Esto no es sobrenatural ni es ciencia espacial.

Los hechizos usualmente tienen un componente hablado donde la persona que realiza la magia expone su propósito. A menudo esto es hecho en rima, porque para muchas personas es más fácil memorizar de esta forma, y si está trabajando con un grupo, las palabras así expresadas son más fáciles de decirlas juntos. Las rimas también son útiles porque pueden cantarse una y otra vez para acumular energía. Sin embargo, como pasa con las evocaciones de direcciones y las invocaciones, los hechizos no tienen que rimar para funcionar, y si cree que sus rimas lo harían equivocarse o reír incontrolablemente en medio del hechizo, o si sus intentos por rimar suenan como un carro con sólo tres ruedas pasando por un bache, es mejor que diga su propósito de manera clara y concisa. Después de todo, la idea es hacer su voluntad, no probar su capacidad poética.

En el hechizo, los wicca también producen energía para dirigirla al objetivo del mismo. Hay innumerables técnicas para generar energía, de las cuales algunas están listadas en el capítulo 3. Unas de las más comunes son palmear, bailar o cantar, usualmente iniciando de manera lenta, y aumentando poco a poco la velocidad e intensidad hasta un crescendo. Cuando la energía se está acumulando, muchos la visualizan tomando la forma de un cono, que llaman "cono de poder". El cono es usualmente centrado sobre el altar, si se está utilizando uno, o centrado en el círculo. Cuando el cono ha alcanzado su punto máximo, quien hace el hechizo lo libera para que la energía ponga en marcha su propósito.

Correspondencias

Para llevar a cabo magia eficazmente, es importante entender un poco las correspondencias mágicas. Las correspondencias son cosas que "van con" otras cosas; tienen cualidades similares o energía similar. Hay un concepto mágico básico que vimos brevemente en la sección de ética del capítulo 2: semejante atrae semejante. La idea es que las cosas que son semejantes están unidas energéticamente, e incluir una en un hechizo podría atraer la otra; por ejemplo, usar velas verdes (el color del dinero norteamericano) en un hechizo de dinero, u objetos en forma de corazón en un hechizo de amor.

Cuando era niña, había una línea de ropa para niños llamada "Garanimals". Cada artículo tenía una etiqueta en forma de animal. Si no tenía idea de como combinar la ropa—al igual que yo— y si quería que una blusa hiciera juego con una falda que había escogido, buscaba blusas con el mismo animal en la etiqueta que tenía la falda. Si la falda tenía la etiqueta de un león, elegía una blusa con esta etiqueta para hacer juego —una brillante idea de mercadotecnia que quizás salvó a innumerables niñas como yo de ciertos desastres al vestir—. Desafortunadamente, no hay guía de "Garanimals" para las correspondencias mágicas. No hay un libro que le diga todo lo que necesita saber, pero hay muchas listas parciales de correspondencias en libros de wicca y astrología básicos. Aquí he incluido algunos de estos libros en la lista de lecturas recomendadas.

Las listas de otras personas son buenas para empezar a explorar las correspondencias, pero recuerde que a veces son subjetivas, especialmente las de los colores. Por ejemplo, podría asociar el rojo con salud porque es el color de la sangre y la vitalidad, pero otra persona asociaría el blanco con salud debido a su vínculo con la limpieza y pureza. ¿Quién tiene la razón? La respuesta es que, hasta cierto punto, cualquiera que haga la magia tiene la razón. Si el blanco es el color que funciona para usted, que parece alinearse con su propósito y lo ayuda a visualizar su objetivo, entonces el blanco es correcto, sin importar lo que alguien más diga. Las correspondencias astrológicas y de hierbas tienden a ser menos subjetivas (aunque a veces también hay sutilezas respecto a qué va con qué), y he incluido algunas fuentes para ellas en la lista de lecturas.

Doce pasos para un buen hechizo

En libros de wicca básicos puede encontrar muchos hechizos ya escritos y listos para ser realizados. Lo animo a ensayar algunos de los preescritos, pero lo estimulo aun más a escribir sus propios hechizos. Sus hechizos son más potentes que cualquier cosa que alguien más escriba para usted, porque están compuestos de partes que son significativas personalmente. Además, escribir sus propios hechizos es una poderosa afirmación de que no sólo está haciendo magia cotidiana; también está haciendo su voluntad en ese nivel mágico superior. De este modo, si está listo para tomar con sus propias manos esta parte de su crecimiento espiritual, los siguientes son doce pasos para crear un buen hechizo.

Paso 1: Fije su objetivo

¿Cuál es el objetivo de su hechizo? Póngalo por escrito. ¡Sea específico! Hay una gran escena en la película *The Joy Luck Club*, donde una joven china que sabe que no podrá escoger su propio esposo, ora para que no sea viejo y feo. Después de su boda, cuando el velo es quitado y ella ve a su nuevo marido por primera vez, descubre que no es viejo ni feo, pero apenas ha entrado a la pubertad y es todavía niño e inmaduro. Ella logró su deseo, pero no en la forma que esperaba porque no fue específica. Una vez estaba en una "sweat lodge" —una clase de sauna para los indios nativos norteamericanos—, y un hombre en el lugar le pidió fuerza al Creador. Como si lo hubieran planeado de antemano, todos se alejaron de él simultáneamente. Hicieron esto porque sabían que la mejor forma de fortalecerse es enfrentar la adversidad, y no querían hacer parte en la pequeña "lección de vida" que él acababa de fijar para sí mismo. Si pide algo en la presencia del Creador o los dioses y no es específico, es probable que esas fuerzas quieran ver que logre su objetivo mágico de la forma difícil. Esto no es malicioso, es simplemente la forma en que funciona la vida.

Si va a hacer magia para traer amor a su vida, ¿qué tipo de amor está buscando? ¿Romántico? ¿Amistad? ¿Amor fraternal? ¿Qué tipo de persona le gustaría atraer? No piense en una persona específica ni la nombre, porque no debe manipular a alguien para que tenga una relación con usted, pero piense en los rasgos que le gustaría que tuviera, incluyendo si desearía que fuera hombre o mujer. Recuerde también que aunque usted es un wicca en formación superpoderoso, no fije una meta mágica vaga y enorme como la "paz mundial". A pesar de lo noble que esto suena, es un tema demasiado grande con muchas variables para ser resuelto por un wicca por sí solo. No estoy diciéndole que mire más abajo de la altura que puede alcanzar (después de todo, eso no estaría haciendo su voluntad), pero cuando esté iniciando, es mejor escoger objetivos más pequeños y concretos.

Paso 2: Examine su voluntad

¿Está la magia alineada con su propósito superior? Si no lo sabe, no haga la magia hasta que medite en esta pregunta o pida dirección a la divinidad o su yo interior. También puede usar la adivinación, como las cartas del tarot o la astrología, para ayudar a determinar si este hechizo es apropiado para usted.

Paso 3: Considere su ética y las posibles consecuencias

Piense en los posibles resultados de sus acciones y el impacto de las mismas antes de proceder. ¿Lo que está pensando hacer lo perjudicará a usted o a otros? Recuerde la rede wicca y la ley de tres, y actúe para el mayor bien. Pero también es importante no ser tan conservador al tratar de evitar el daño creando un hechizo sin mucho alcance. Un hechizo de este tipo no le ayudará y puede obstaculizar su verdadera voluntad en lugar de ayudarlo a alinearse con ella. Esta es otra área en que la adivinación puede ayudarlo a tomar una decisión.

Paso 4: Trabaje por su objetivo en el plano mundano

La magia es mucho más efectiva si además de hacer un hechizo también trata de lograr su objetivo de la forma "cotidiana". Después de todo, no puede ganarse la lotería si no compra un billete, y es difícil que consiga un nuevo empleo si no envía currículum vitae, sin importar qué tan excelente sea su hechizo.

Paso 5: Escoja el mejor momento para hacer su magia

¿Cuándo es el momento más apropiado para hacer el trabajo mágico? Hay muchos factores a considerar al escoger el tiempo adecuado. El primero es simplemente: ¿cuándo tiene tiempo para hacerlo? No debe estar apresurado. También tiene que elegir un momento en el que esté descansado y alerta. Como pasa con examinar su voluntad y posibles consecuencias, podría necesitar la adivinación para determinar el mejor momento para hacer su hechizo.

Otro factor, uno que es fácil de determinar, es la fase de la luna. Los wicca hacen magia para aumentar o atraer cosas —tal como la magia de salud, dinero y amor— mientras la luna está creciente, o creciendo en el cielo. Hacen magia para desterrar cosas o hacerlas más pequeñas —tal como magia para reducir deudas, perder peso o dejar malos hábitos— cuando la luna está menguante, o reduciéndose en el cielo. La magia para realizar cosas es a menudo hecha en la luna llena. ¿Cómo determinar si la luna es creciente o menguante? La forma más fácil es mirar el firmamento. La luna es creciente cuando el lado iluminado está encorvado a la derecha, como una D mayúscula; es menguante cuando el lado iluminado está encorvado a la izquierda, como una C mayúscula. Si está muy nublado para saberlo, es fácil encontrar la fase lunar investigando en la Internet o consultando un calendario astrológico.

También puede planear el hechizo basado en el día de la semana. Cada día está asociado con un planeta, y los planetas a su vez tienen sus propias correspondencias. El domingo es asociado con el Sol, y es bueno para magia que tiene que ver con energía y la fuerza vital, dinero y prosperidad en general. El lunes es asociado con la Luna, y es un buen tiempo para hacer magia de concepción y cualquier cosa relacionada con madres, trabajo emocional y alimentación. El martes es asociado con Marte, el planeta guerrero, y es bueno para cualquier tipo de magia protectora o agresiva, y especialmente para magia destinada a coger valor y defenderse por sí mismo. El miércoles es asociado con el planeta Mercurio, llamado así por el mensajero romano de los dioses, por eso la magia relacionada con comunicación y viajes funciona bien en este día. El jueves es asociado con el planeta Júpiter, rey romano de los dioses, y es mejorada la magia para cosas como dinero, suerte y fortuna. El viernes es asociado con Venus, el planeta del amor, así que funciona bien la magia para atraer o enviar amor o sanar relaciones, con tal que todas las partes involucradas permitan que se haga. El sábado es asociado con Saturno, el planeta del trabajo, límites y restricciones, así que funciona bien la magia de protección, magia para eliminar deudas o magia para conseguir empleo. Esta lista de asociaciones con los días de la semana no es exhaustiva.

Hay mucho más en cuanto al tiempo mágico apropiado, pero los factores anteriores son un buen comienzo. Han sido escritos libros completos sobre el tiempo mágico, e incluido unos buenos en la lista de lecturas recomendadas.

Paso 6: Incluya otras personas (o no)

¿Quién estará involucrado en su ritual? Si planea hacerlo solo, esta es una pregunta fácil de responder. Sin embargo, si lo desea puede incluir a otros. ¿Quién es probable que comparta su objetivo y esté dispuesto a ayudarlo? Si planea hacer magia que involucre a otra persona que no estará presente —como hacer trabajo curativo para su abuela, por ejemplo—, debe ponerse en contacto con la persona si es posible, y pedirle permiso antes de proceder. A veces es imposible conseguir el permiso; como en el caso de que su abuela esté con un respirador o inconsciente. En tales casos, medite en si el hechizo es apropiado, y use el conocimiento que tiene de su abuela para ayudarse a decidir.

Paso 7: Incluya seres ultramundanos (o no)

Como dije antes, la magia es diferente de la oración, porque en la magia usted es la fuerza principal que la crea. Sin embargo, puede pedir ayuda del Dios y la Diosa, sus deidades personales, "familiares" animales, ancestros o seres elementales. Antes de empezar, haga una investigación para determinar a quién sería más conveniente pedirla. Siempre que la magia sea positiva, el Dios y la Diosa son buenas elecciones para casi todo, pero el Dios es especialmente útil en lo que tenga que ver con protección, fertilidad, naturaleza, muerte y animales, y la Diosa es especialmente útil en magia de nacimiento, fertilidad, plantas, la tierra y manifestar cosas en la vida. Sus deidades personales también tienen características asociadas que podrían ayudarlo. Por ejemplo, la diosa céltica Cerridwen está ligada con sabiduría, y el dios griego Hermes es relacionado con viajes.

Hay dos tipos de familiares animales wicca: desencarnados (espíritus en forma animal) y encarnados (mascotas u otros animales vivos). Los familiares o espíritus animales desencarnados sirven de guías y ayudantes. Muchos wicca trabajan con espíritus animales, pero algunos no. En los relatos de los juicios de hechiceros, hay historias de familiares animales, de los cuales la mayoría eran considerados demonios en forma animal. Los familiares wicca no son demonios; son espíritus de energía positiva o formas de pensamiento que toman formas animales en la mente del wicca. Algunos wicca escogen el familiar con el que desearían trabajar basados en sus cualidades. Por ejemplo, podrían elegir un cuervo por su inteligencia o un lobo por su fuerza. A veces un familiar animal escoge al wicca. Tengo un estudiante que parece haber sido escogido por ratas y otro por arañas. Algunos wicca trabajan con sus mascotas y creen que son espíritus familiares encarnados. Tengo una gata que le gusta "ayudar" con los clientes de masajes de mi marido. Se acuesta junto a ellos, estira una pata para tocarlos, y hace algo energético que nadie entiende, pero varios de los clientes que vuelven piden específicamente que le permitan estar en la habitación para que lo haga.

Muchos animales son atraídos por la energía. Si tiene una mascota que parece que desea unirse a usted en el círculo, considere dejarla entrar, siempre que sea seguro (sin llama abierta ni incienso si su mascota es un ave o reptil porque tienen pulmones delicados, ni plantas o aceites venenosos que se ingieran por accidente, y así sucesivamente). Vigílelos alrededor de su plato de pasteles; mis gatos son famosos por huir corriendo con la comida ritual.

Siempre puede acudir a sus ancestros para ayuda en la magia. Están ligados a usted en sangre y espíritu, y son aliados poderosos. Algunos no vendrán cuando los llame, y otros no aprobarán que haga hechizos, especialmente si siguieron una religión diferente cuando estaban vivos. Nunca pida ayuda a un antepasado que crea que podría estar ofendido. Sin embargo, si piensa que están de acuerdo con la magia, llámelos para reforzar su trabajo.

Por último, pero no menos importante, puede acudir a los espíritus de los elementos. Por ejemplo, si va a hacer un hechizo que involucra valor, podría llamar espíritus de fuego (mantenga a la mano el extintor), o si va a hacer uno que requiera intelecto, podría acudir a espíritus de aire.

Paso 8: Escoja el lugar

Hay muchos lugares donde podría hacer su hechizo: siendo adentro o afuera la primera consideración, seguida por si podrá o no trabajar sin interrupción. Debe escoger un sitio donde sea fácil llegar y tenga acceso a lo que necesita para el hechizo. La naturaleza del hechizo también será un factor determinante. Si está trabajando con fuego o espíritus de la naturaleza, podría hacerlo afuera, pero si va a hacer un trabajo silencioso que requiere mucha concentración o meditación, sería mejor adentro. También deberá considerar si quiere hacer el hechizo en espacio sagrado. Lanzar un círculo no se requiere para la magia, pero es buena idea si va a llamar los dioses.

Paso 9: Escoja sus correspondencias

La magia funciona bien cuando el hechizo incluye objetos que están alineados con su objetivo. Estos objetos ayudan a enfocar su propósito y adicionan energía al trabajo. Cuando esté pensando en qué objetos incluir en su hechizo, considere cosas cuyo color, sonido, aroma, sabor o textura de algún modo se ajusten a sus objetivos. Considere comida, velas, aceites, incienso, herramientas mágicas, ropa, hierbas, rocas y cristales asociados con el propósito de su hechizo.

Paso 10: Escriba o adquiera el hechizo

¿Quiere escribir su propio hechizo, o ha encontrado uno en un libro? Si encontró uno, ¿quiere modificarlo para que se ajuste mejor a usted? ¿Quiere hacer su hechizo con un texto determinado, o tener una idea general de lo que desea hacer y sacar las palabras en el proceso?

Si decide escribir su hechizo, primero piense en su objetivo. Encuentre una forma de expresar su objetivo claramente en palabras, con rima o sin ella. Luego construya el ritual alrededor de esta afirmación central del propósito. Incorpore las correspondencias que ha escogido, directamente en las palabras o en el ritual general. Los pasos del ritual del hechizo pueden ser muy similares a los pasos que ha estado usando en los otros rituales de este libro. Por ejemplo:

1. Limpie y prepare su espacio. Organice el altar y trace un círculo.
2. Evoque las direcciones, si lo desea.
3. Llame al Dios y la Diosa, si lo desea.
4. Declare su propósito, diga las palabras de su hechizo, y concéntrese en su objetivo.
5. Genere energía para dirigirla a su objetivo usando uno de los muchos métodos, incluyendo el trabajo de respiración, el baile y otros movimientos físicos, el canto, el tai chi o la visualización. Si quiere, vea la energía como un cono creciente de poder en el centro de su espacio.
6. Enfoque y dirija la energía. Visualice su objetivo, y mentalmente dirija la energía a él.
7. Descargue y libere el exceso de energía.
8. Agradezca a todos los seres participantes, humanos y no humanos.
9. Despídase del Dios y la Diosa, libere las direcciones, deshaga el círculo y despeje el espacio.
10. Refuerce el hechizo repitiéndolo más adelante si es necesario. A veces requiere más de una sesión.

Recuerde, no tiene que crear un círculo, evocar las direcciones o los dioses. He incluido estos pasos en caso de que quiera hacerlos. Es mejor usarlos durantes sus primeros intentos.

Paso 11: Prepárese

A veces los wicca hacen trabajo preparatorio que los ayuda a empezar a alinearse con su propósito antes de comenzar el hechizo. Esto puede incluir tomar un baño ritual con hierbas o aceites asociados con su objetivo (por ejemplo, albahaca para un hechizo de dinero), ayunar durante un día, consumir alimentos alineados con el objetivo, y cargar/bendecir/consagrar herramientas y materiales antes del ritual.

Paso 12: Haga su magia y sepa que tendrá éxito

Ejemplo de un hechizo

El siguiente es viejo, pero muy bueno: un hechizo para una botella de hechiceros. Es un encanto para proteger la casa y consiste en una botella llena de objetos puntiagudos, tales como alfileres y agujas, trozos de hilo, y un líquido, a menudo vino rojo. La botella es llenada durante el ritual, sellada y enterrada en el patio después de terminado el ritual. La idea es que los objetos puntiagudos ahuyenten el mal, los hilos lo aten, y el líquido lo diluya o remueva. Cuando elabore esta botella, no lo haga con el propósito de perjudicar a alguien, sólo para ahuyentar mala energía y ladrones. Así, ¿qué tiene que ver la botella de hechiceros con todas esas cosas nobles y elevadas que dije antes respecto a hacer su voluntad? Bueno, no es el hechizo más sofisticado, pero cumple una función básica: si no tiene un espacio seguro y estable para vivir y practicar su espiritualidad, tendrá dificultad para encontrar su propósito superior.

Puede hacer este hechizo dentro o fuera de un círculo. Es un hechizo que ha existido durante mucho tiempo, es verdadera magia popular y sospecho que quien lo inventó hace años, estaba pensando más en proteger su casa y familia que en las intrincaciones del ritual. Puesto que ya hemos hablado bastante de la estructura del ritual, voy a incluir sólo la parte central del hechizo. Puede adicionar el círculo y otros elementos rituales si cree que son apropiados.

Cuando entre en el hechizo verá que he dividido la "afirmación del propósito" en cuatro partes: una para los objetos puntiagudos, una para los hilos, una para el vino, y una para la botella completa. Necesitará:

- Un frasco o botella de vidrio con una tapa o corcho muy ajustado.
- Objetos puntiagudos tales como alfileres, hojas de afeitar, clavos, agujas y tachuelas en un tazón u otro recipiente (todavía no en la botella).
- Varias cuerdecillas o hilos cortos, preferiblemente negros, pero cualquier color servirá.
- Vino rojo u otro líquido. El rojo corresponde a agresión y protección.
- Una vela negra. El rojo también es apropiado. El negro corresponde a destierro, y el rojo a fuerza.
- Fósforos o un encendedor.

El hechizo

1. Prepare su espacio ritual, si lo desea. Equilibre su energía.
2. Abra el círculo, si lo desea.
3. Lentamente empiece a echar los objetos puntiagudos en el frasco. Tenga cuidado de no cortarse. Mientras mete cada objeto, visualice la energía negativa siendo rechazada de su casa. Si quiere, diga algo como:

   Alfileres y agujas, hojas y tachuelas,
   rechacen toda energía dañina.

4. Cuando el frasco esté lleno dos terceras partes con los objetos puntiagudos, meta varias cuerdecillas o hilos. Mientras hace esto, visualice la energía negativa siendo atada con los hilos. Si quiere, diga algo como:

   Hilos, cuerdecillas,
   aten cosas dañinas y negativas.

5. Vierta vino en el frasco para llenar los espacios entre los otros objetos. Deje un pequeño espacio en el frasco. Visualice el vino removiendo y limpiando todo lo negativo que se acerque a su casa. Si quiere, diga algo como:

   Vino más rojo, protege este lugar,
   limpia todo mal de mi espacio.

6. Tape bien el frasco. Encienda la vela negra, y deje gotear cera en todo el borde del frasco. Mientras

hace esto, visualice y tenga la seguridad de que su hechizo funcionará.

7. Genere energía y envíela al frasco. Puede hacer esto tomando energía terrestre con su raíz central y pasándola al frasco a través de las manos. También puede repetir el siguiente canto cada vez más rápido hasta que sienta que la energía está en un punto máximo, y luego dirigirla al frasco.

   ¡Todo mal es desterrado,
   se va, desaparece!

8. Meta toda la energía en el frasco; no deje nada de ella en su cuerpo. Después que el frasco sea cargado, equilibre su energía.
9. Agradezca a los dioses y las direcciones, y deshaga el círculo si creó uno.
10. Deje que la cera en el frasco se enfríe y endurezca. Lleve el frasco afuera y entiérrelo en su patio frontal o en frente de su vivienda, preferiblemente en una esquina. Visualícelo emanando una barrera energética que repele cosas dañinas. Tenga la seguridad de que lo protegerá. Refuerce la magia de tiempo en tiempo visualizando el frasco rechazando el mal de su casa, tal vez en cada luna llena.

¡Ha hecho su primer hechizo!

CAPÍTULO DOCE

¿QUÉ HACER DE AQUÍ EN ADELANTE?

Ahora sabe un poco acerca de las creencias, prácticas, deidades, herramientas y técnicas de la wicca. Si quiere aprender más, ¿qué hará después? La respuesta obvia es leer más acerca de la wicca. Hay algunos libros buenos de wicca en el mercado (y también otros malos), y hay información en revistas tales como *New Witch* y en la Internet. Lea diferentes cosas de diversas fuentes. Vea material erudito y anecdótico y la lista de recursos en este libro. Construya una base de conocimiento.

Pero recuerde, leer no es suficiente. La wicca no es una "religión de libro"; tiene que ver con comprometerse con la vida, y requiere una participación activa y práctica a través del tiempo. Así que haga los ejercicios de éste y otros libros básicos de wicca. Inicie su propia práctica. Examine las ideas que le llaman la atención, y cree algunos rituales por sí mismo. Construya un altar, hable con los dioses, inicie un libro de las sombras, y lo más importante, ábrase a la transformación y autodescubrimiento que puede inspirar seguir este camino.

Probablemente ya ha entendido que no puede castañetear los dedos o menear su nariz y de inmediato ser un wicca. Toma meses, años, a veces décadas perfeccionar todas las habilidades usadas en la wicca y trabajar los misterios con profundidad. Nada molesta más a los wiccas establecidos —los que en realidad han hecho el trabajo y seguido el camino que va junto con el título de wicca—, que alguien que lee un libro de wicca y se declara "Lord High Priest Dragonsbane" de la tradición Moonbeam and Fairydust, o con algún título pomposo y ridículo. Si hace esto, la comunidad wicca le dará otro nombre: *fluff bunny* (expresión derogatoria para describir personas con tendencia a expresar sus creencias espirituales en forma superficial). Estas son personas que han leído unos libros y encendido una o dos velas, y creen que saben todo acerca de la wicca, o que afirman seguir el camino pero no lo respetan, tratando esta religión como si fuera un juego. Así que lea, pero no se quede ahí. Después de todo, la wicca tiene que ver con cambio y transformación.

¿Qué puede hacer además de estudiar y practicar por sí mismo? Eso depende de usted, sus preferencias y las oportunidades que tenga disponibles. Hay varias preguntas que los posibles wiccas hacen una vez que han leído al respecto y decidido que quieren aprender más. Si está interesado en continuar, es importante que responda estas preguntas por sí mismo y/o las haga a otros. Las respuestas le ayudarán a labrar sus siguientes pasos.

¿Debo trabajar solo o en grupo?

No hay una iglesia central de wicca (gracias a la Diosa). No hay autoridad que les indique cómo deben adorar, cuándo y con quién. El lado positivo es que existe la libertad de practicar su religión en la forma que consideren apropiada. El lado negativo es que a veces es difícil encontrar apoyo, camaradería u otras personas con quienes practicar (si quiere hacerlo). La mayoría practica su religión en grupos pequeños y autónomos, como familias, llamados congregaciones, en grandes reuniones públicas, de manera individual, o una combinación de éstos. A fin de cuentas, todos los wiccas son en cierto punto solitarios porque la relación con sus deidades es personal, y es así ya sea que estén o no trabajando con un grupo. Si decide trabajar con un grupo, es mejor que también se convierta en un fuerte practicante individual.

Ventajas del trabajo en grupo

Algunas de las ventajas de trabajar en grupo son que tiene a otras personas con quienes compartir el trabajo e intercambiar ideas. Tiene apoyo y gente que comprende lo que quiere lograr (bueno, la mayoría del tiempo). Otros pueden ayudarlo a validar e interpretar sus experiencias y evitar que se sienta solo. Cada miembro de un grupo tiene fortalezas y debilidades, así que pueden equilibrarse mutuamente y aprender entre sí. Otro miembro puede brindarle un catalizador para un gran descubrimiento espiritual. Cada miembro también tiene experiencias diferentes para traer a la mezcla. Uno puede haber estudiado mitología céltica, y otro griega. Todos son un recurso. Estar en un grupo también puede motivarlo. Es difícil atrasarse si tiene otros que respondan. Y lo más importante, es difícil aprender una religión de misterios en forma aislada

Desventajas del trabajo en grupo

El lado negativo del trabajo en grupo es que no puede hacer todo lo que quiere, cada vez que quiera, sin tener en cuenta la opinión o preferencias de otra persona. Tal vez deba lidiar con egos, política y choques de personalidad. Puede haber un miembro que usa o presiona a los otros. Es probable que haya miembros que no hacen la parte del trabajo que les corresponde, llegan tarde a las reuniones, no contribuyen con los materiales que se necesitan, y generalmente se aprovechan del resto del grupo. Tiene que planear sus reuniones y rituales de acuerdo a los horarios de otras personas. Podría discrepar en cuanto a las deidades con las que le gustaría trabajar, cómo desearía lanzar el círculo, si tendrán vino blanco o rojo, y casi en todo lo demás.

Es difícil decidir si va a trabajar en grupo o solo. No obstante, recuerde que puede cambiar de parecer después. Si se une a un grupo, puede retirarse; si decide trabajar en solitario por un tiempo, puede unirse a un grupo posteriormente. Muchos wiccas fluctúan entre el trabajo colectivo e individual dependiendo de sus horarios, acceso a otros, y dónde están en su camino espiritual. Una forma no es necesariamente mejor que la otra.

Si no quiero trabajar solo, ¿cuáles son mis opciones?

Trabaje con un amigo o inicie su propio grupo

Una de las formas más fáciles de explorar la wicca con otros es encontrar uno o dos amigos que también estén interesados en esta religión y trabajar juntos como un pequeño grupo. Si empieza con amigos, es probable que se sienta cómodo, y su grupo pequeño puede brindar un espacio seguro para que todos puedan aprender. Iniciar su propio grupo puede ser difícil, pero con sólo unos miembros es más fácil, y pueden dividirse la planificación, escritura y otras cosas de la reunión. Si trabaja con éxito en su grupo por un tiempo, podría recibir nuevos miembros, y su grupo pequeño tal vez crecería hasta convertirse en una congregación. No hay un número mínimo o máximo establecido de miembros para una congregación, aunque muchos que conozco creen que se necesitan al menos tres personas. Sin embargo, una congregación de un miembro suena un tanto ridículo.

Únase a una congregación o grupo establecido

Otra opción es buscar una congregación existente y solicitar la inclusión en ella. Dependiendo de dónde viva, esto puede o no ser conveniente. Cada congregación tiene sus propias normas respecto a quién y cuándo puede ingresar. Algunas comienzan a enseñar a nuevas personas al principio del año, así que sólo reciben estudiantes en ese tiempo. Otras tienen una política de puertas abiertas, y las personas entran y salen cuando lo consideran conveniente. Otras requieren solicitudes y que el solicitante se reúna con el grupo una o dos veces para asegurar que todos se sientan bien y sean compatibles. Muchas congregaciones eligen por votación los nuevos miembros antes de permitirles ingresar. Esto, de nuevo, es para asegurar la compatibilidad del grupo. Ninguna congregación tiene que recibirlo si no lo desean. Una advertencia: si un grupo no toma seriamente la política de miembros, puede ser un grupo con el que no se sentirá bien. En mi experiencia, muchos practicantes prefieren sentirse "seguros" hasta lograr dominar las cosas, y si las personas están yendo y viniendo todo el tiempo, es difícil que consiga la estabilidad que necesita. Además, si la política de miembros es muy flexible, el grupo puede ser desorganizado y tal vez no hay protocolo de conducta. Esto podría originar una experiencia libre y edificante, o frustrante e irrespetuosa, dependiendo del grupo.

Asista a rituales públicos

Encontrar rituales públicos es difícil si vive en un área rural, pero muchas ciudades tienen al menos un grupo wicca que los realiza, y cada vez más surgen grupos rurales. Las ventajas del ritual público son que los círculos suelen ser diferentes cada vez, y alguien más ha hecho el trabajo y el planeamiento, así que usted puede ir, disfrutar y aprender. Es buena idea conocer otros wiccas en su área, o incluso encontrar miembros de una congregación a la que desearía ingresar. (Aunque las congregaciones tienen sus rituales privados, los miembros también pueden asistir a rituales públicos por el aspecto social, para buscar posibles miembros o estudiantes, o para observar otros rituales). El lado negativo es que generalmente estos rituales no están destinados a ser la única fuente de práctica religiosa de alguien, y los grupos que los realizan están haciendo un servicio comunitario en lugar de iniciar una "iglesia", así que puede no haber mucha continuidad. Debido a que los rituales son públicos, tampoco tiene control sobre quién aparece y quién no. Si está rodeado de desconocidos, es probable que no se sienta cómodo y sumergido en el ritual.

Estudie con un maestro

Encontrar un maestro puede o no ser lo mismo que buscar una congregación, porque unos maestros dirigen congregaciones y otros no. Algunas congregaciones son "de enseñanza", y a los estudiantes se les permite ser miembros después de estudiar con el maestro por un tiempo. Algunos maestros aceptan estudiantes individuales, y otros reciben cantidades pequeñas de estudiantes durante un cierto período. En este último caso, al final del entrenamiento, el estudiante sigue su camino en lugar de unirse a un grupo.

Si está estudiando con un maestro, ya sea en forma individual, en una clase o como parte de una congregación de enseñanza, es probable que deba hacer cierto número de tareas, incluyendo leer libros de una lista específica, escribir sus experiencias, ejercicios energéticos, estudiar mitología y los dioses, aprender ética, magia y a crear y desarrollar rituales. Puede o no haber un examen o exámenes. Como pasa con los maestros de todos los temas, algunos son muy distantes, y otros se involucran profundamente en el proceso de sus estudiantes. Algunos querrán reunirse con usted regularmente, y otros no. Unos lo harán trabajar a su propio ritmo, y otros tendrán un programa.

Asista a clases de wicca

Asistir a clases de wicca es diferente que trabajar con un maestro. Usualmente son clases abiertas desarrolladas en un lugar público, tal como una librería. Si vive cerca de una librería metafísica, pregunte dónde hay clases o conocen a alguien que lo haga. Las clases en tiendas son a menudo informales, y la calidad varía de magnífica a malísima. Sin embargo, si la clase no es inspiradora, puede ser una forma de aprender sobre recursos wicca en su comunidad. Las clases son a menudo económicas o gratuitas. Muchas tradiciones creen que no es correcto recibir dinero para enseñar, y en tal caso, el maestro pedirá sólo lo suficiente para cubrir el costo de alquilar el espacio de la clase.

Ingrese a un grupo de estudio wicca

Si está asistiendo a la universidad, puede haber un grupo de estudio wicca en su campus. Allí puede conocer personas del mismo parecer para aprender y trabajar con ellas. Si no hay un grupo wicca, puede iniciar uno, pero si lo hace, esté preparado; es mucho trabajo —trabajo satisfactorio, pero que requiere mucho tiempo—. Hace años, un amigo mío y yo iniciamos un grupo en nuestra universidad. El grupo se reunía cada dos semanas, y frecuentemente teníamos oradores de diferentes grupos wicca y paganos en el área. La mejor parte de esto era que mientras brindábamos servicio a otras personas, mi amigo y yo conocíamos y oíamos a otros líderes wicca locales. También nos convertimos en mejores líderes rituales porque la mayor parte del trabajo caía sobre nuestros hombros. Si decide iniciar un grupo wicca, sin importar qué tan grande sea su facultad, lo convertirá en una figura wicca pública. Cuando mi amigo y yo condujimos el grupo de estudio, obtuvimos más atención de la debida de los grupos de estudiantes religiosos fundamentalistas, y hubo ocasiones en que fue muy incómodo. Sin embargo, si es fuerte y tiene apoyo, puedo dar fe de que vale la pena iniciar su propio grupo de estudio.

Únase a una congregación en la Internet o a una lista de correos electrónicos en línea

Si no encuentra un grupo ideal por cualquiera de los medios convencionales ya mencionados, podría considerar unirse a una congregación en la red. Éstas no brindan una práctica y enseñanza personal, pero ofrecen apoyo y recursos.

Las listas de correos electrónicos también pueden contener mucha información. Puede unirse a ellas a través de "Yahoo Groups" y otros servicios similares. También hay una colección de vínculos para listas de correos electrónicos en el sitio "The Witches' Voice, www.witchvox.com". Recuerde que como con cualquier cosa en la Internet, parte de la información recibida será magnífica, y parte será equivocada, mala o ridícula, así que tenga cautela.

¿Cómo encuentro un grupo?

Navegue en la Internet

Encontrar o no un grupo en su área dependerá del lugar en que vive. En los Estados Unidos, el recurso más fácil, y posiblemente el mejor, es el sitio *The Witches' Voice*. Aquí hay una gran sección dedicada a listar grupos y clases de todo el país. Seleccione el estado donde vive y busque la lista de su ciudad. Algunas congregaciones y grupos tienen sus propios sitios en la red. Evite cualquier grupo que trate de vender un libro de las sombras costoso o cursos de wicca en línea. La mayoría de grupos que ofrecen estas cosas sólo pretenden hacer dinero rápido, y la calidad del material recibido es muy mala, si es que la recibe. No olvide preguntar por grupos en su área en las listas de correos electrónicos.

Revise publicaciones paganas

Si hay un periódico pagano o de la nueva era en su área, también es un buen lugar para buscar, al igual que las revistas wicca. Puede suscribirse en línea a algunas revistas wicca si no las encuentra en las tiendas locales.

Haga contactos

Otra buena forma de encontrar grupos es preguntar, especialmente en tiendas metafísicas. Pregunte a amigos, a la mujer que usa el pentagrama en el autobús, al hombre en el café que lee un libro de mitología griega. La última vez que estuve en un café, había una mujer sentada en el rincón leyendo la carta astrológica de alguien en su computador portátil. Basada en su gran colección de anillos de plata con símbolos mágicos que llevaba puestos, supongo que era wicca.

A veces se encontrará información en lo que afectuosamente llamamos "hippie havens", tiendas de alimentos saludables, tiendas herbales, universidades, ferias de arte, cafés, tiendas de cristales y rocas, y estudios de yoga. Iglesias unitarias y concilios entre miembros de distintas religiones también pueden ser buenos recursos. Si existen agrupaciones o clubes góticos, un festival de Renacimiento o feria medieval, un festival de herencia irlandesa, una taberna irlandesa, un círculo de tambores, una convención de ciencia ficción, o una SCA (Society for Creative Anachronism; un grupo que estudia y recrea la Edad Media), casi puedo garantizar que será un semillero de actividad wicca y pagana. No se deje intimidar por colmillos, faldas escocesas, orejas puntiagudas y espadas anchas caseras. Es muy posible que esta gente le ayude a encontrar lo que está buscando

¿Hay cosas en particular que debería buscar en un grupo?

Antes de unirse a un grupo, vea si puede averiguar sobre él preguntando en persona o en una lista de correos electrónicos y visitando sus sitios en la red (si lo tienen), y entérese de la reputación del grupo en la comunidad. Desafortunadamente, es muy probable que oiga muchos chismes, y eso puede ser muy desalentador. Corrobore rumores en lugar de creerlos sin duda. A menudo surgen de malentendidos honestos, pero también hay chismes maliciosos en la comunidad wicca. En mi opinión, es mejor oír el chisme y buscar la verdad al respecto, en lugar de entrar ciegamente a un nuevo grupo.

Las siguientes son unas preguntas para que se haga a sí mismo o a sus posibles compañeros de congregación.

Nivel de comodidad. Cuando conoce los miembros, ¿tiene reacciones negativas con algunos de ellos? ¿Tiene malos presentimientos? ¿Parecen respetarse mutuamente? ¿Siente tensiones en el grupo? Haga preguntas y tome su tiempo para conocerlos un poco antes de ingresar al grupo.

Ética. ¿Cree que el grupo tiene un enfoque positivo? ¿Siguen la rede wicca o un código ético similar? ¿Sus miembros hablan mal de sus compañeros o miembros de otros grupos?

Filosofía. ¿La interpretación que tienen de la wicca está de acuerdo con la suya?

Expectativas. ¿Ha dispuesto el grupo claramente sus expectativas de los miembros, y siguen esas pautas? ¿Tienen un código o reglas respecto a cómo tratarse entre sí? ¿Se espera que usted dedique cierto tiempo? ¿Hay una serie de requisitos que debe cumplir para ingresar? ¿Debe contribuir con cosas tales como velas y comida para el grupo? ¿Debe dar dinero para entrar al grupo? En tal caso, ¿el dinero es sólo para cubrir costos de materiales rituales o es para algo más? (Esta es una posible mala señal).

Horario. ¿El horario del grupo se ajusta al suyo? Algunos grupos consumen mucho tiempo, así que si está en la universidad o tiene una familia, tal vez deba encontrar un grupo que se reúna con menor frecuencia.

Estructura. ¿Es el grupo estructurado o de forma libre? ¿Quién está a cargo? ¿Cómo son tomadas las decisiones? ¿Es compartida la responsabilidad? ¿Es una democracia, una dictadura o algo más, y puede vivir con ello?

Estilo. El estilo es una mezcla de nivel de comodidad y estructura. ¿Al grupo le gusta el ritual grande y teatral, o círculos más tranquilos? ¿Está enfocado en estudio serio, diversión, reunión, trabajo mágico, trabajo ritual o todos los anteriores? ¿Usan togas, ropa de calle, traje ritual, o prefieren estar desnudos? ¿Algunos de sus rituales incluyen sexo o simbolismo sexual? Y en tal caso, ¿está de acuerdo?

Tradición. ¿Sigue el grupo una tradición cultural particular, una serie de dioses, o toma de diferentes fuentes? En otras palabras, ¿son tradicionales o eclécticos? Si dicen que siguen una tradición establecida, ¿hay una forma de ver que son lo que dicen ser y hacen lo que dicen hacer?

¿Qué significan "ecléctico" y "tradicional", y cuál es la diferencia?

La mayor parte de la práctica wicca puede dividirse en dos categorías: ecléctica y tradicional. Los puntos de vista en las definiciones de estos dos términos varían, pero en general, los wiccas eclécticos compilan sus prácticas de diversas fuentes, y los tradicionales usan un sistema de prácticas heredados y que tiene un cierto nivel de consistencia. La línea se torna borrosa en algunas partes porque hay wiccas que se consideran miembros de una tradición, pero entresacan prácticas de diferentes fuentes. A pesar de esto, dichos grupos a menudo tienen un punto de continuidad, tal como trabajar sólo con los dioses célticos o usar un formato específico para sus círculos, incluso si las partes individuales del ritual cambian.

¿Debería ser un wicca ecléctico o uno tradicional?

La respuesta a esta pregunta, como pasa con muchas otras, depende de sus preferencias y las opciones y recursos disponibles. Por ejemplo, podría decidir que la estructura es importante para usted y buscar un grupo que practique una tradición estructurada, pero puede no haber uno en su área. Ahora, digamos que tiene acceso a todo tipo de grupo posible; entonces, escoge basado en dónde florecerá más alguien con sus necesidades y costumbres.

Los wiccas eclécticos tienen mucha libertad. Pueden tomar elementos rituales que les gusten de libros, rituales públicos, amigos y fuentes en Internet, e ignorar las partes que no quieren usar. Idean rituales improvisados para el momento, o planean rituales elaborados. Practican solos o en grupos. No responden a nadie, y sus rituales pueden ser elaborados perfectamente para que se ajusten a sus necesidades. Están habilitados para enseñarse a sí mismos y construir su propio camino, incluso si trabajan con un grupo. Eso es algo poderoso.

Sin embargo, cuando usted se enseña a sí mismo la wicca, a diferencia de un solo sistema cohesivo de alguien más, podría haber cosas que ignore. Es difícil ver que no sabe algo si no tiene a una persona o estructura tradicional para hacer evidente eso. Si está aprendiendo una tradición, es probable que esté recibiendo instrucción de una forma cohesiva y sistemática. La mayoría de eclécticos también ignoran una de las mejores cosas en la wicca o cualquier religión —aprovechar la energía colectiva de todos los que han practicado un ritual particular—. Cuando un ritual es practicado una y otra vez, desarrolla un poder propio. Cuando usted hace el ritual, se conecta con esa fuente energética. En seguida, está unido con todos los que siguen esa tradición y hacen ese ritual. Puede experimentar esto fácilmente en una iglesia católica; las edificaciones retumban con la energía del ritual repetido. Si crea nuevos rituales en cada ocasión y los hace sólo una vez, no se conecta con lo colectivo fácilmente.

El entrenamiento estructurado y conectarse con la energía colectiva son unos de los aspectos positivos de practicar la wicca tradicional. Otras ventajas son que debido a que no tiene que escribir rituales cada vez, tiene más energía para dedicarse sólo a experimentar los ritos. De este modo, la estructura se libera. Los elementos constantes se convierten en activadores psíquicos que pueden introducirlo rápidamente en un espacio ritual "superior". Debido a que repite los rituales, ellos empiezan a tomar niveles de significado que no pueden acumular si sólo los hace una vez. Si hace los mismos rituales durante varios años, empieza a ver diferentes cosas en ellos. La energía en el círculo fluye bien porque todas las partes fueron creadas para que encajen. Además, como un wicca tradicional no sólo tiene el apoyo de su grupo, pues también puede conectarse con otros miembros de la tradición alrededor del mundo (si su tradición es internacional). Si practica una tradición familiar, tiene la ventaja de poder conectarse con su línea de sangre.

El lado negativo de la práctica tradicional es su falta de espontaneidad. Aunque puede haber libertad dentro de la estructura, todavía existe una estructura. Muchos llegan a la wicca para escapar de la religión estructurada. También hay a menudo una jerarquía en la wicca tradicional, con los que saben más sobre la tradición "siendo superiores" que los que saben menos. La wicca tradicional debe funcionar de esta forma porque si usted está transmitiendo una tradición, necesariamente sabe más de ella que la persona a quien la transmite, al menos hasta que la pase por completo. También hay muchas reglas en la wicca tradicional. Los wiccas, como he observado, no aceptan sugerencias sobre qué hacer, lo cual es una razón por la que la práctica ecléctica es tan popular. También está el factor familiar. Cuando es parte de una tradición, tiene el apoyo y la experiencia compartida de otros, pero también tiene que lidiar con la política y personalidades de la tradición.

Para aquellos interesados en investigar la práctica tradicional, a continuación hay una lista parcial de tradiciones wicca. Debido al espacio limitado, no me extiendo lo suficiente en estas tradiciones, pero esta información que podría inspirarlo a explorar más a fondo una o varias de las tradiciones.

Gardneriana

La tradición gardneriana desciende de Gerald Gardner, quien fue mencionado antes en este libro. El gardnerianismo es probablemente la tradición wicca más antigua en los Estados Unidos, excluyendo tradiciones populares y familiares, y es provino de Inglaterra en la década de 1960. Es una tradición de misterios muy estructurada y jerárquica con tres grados o niveles de estudio. También es una tradición iniciatoria, lo cual significa que para ser gardneriano hay que ser "hecho" gardneriano por otro gardneriano en una ceremonia específica. El gardnerianismo tiene un linaje, que es un tipo de árbol genealógico que dice quién inició a quién en la tradición. Sus ritos y el contenido de su libro de las sombras son guardados bajo juramento, lo cual significa que son secretos y sólo pueden ser revelados a otros gardnerianos. La adoración es hecha al desnudo y se observan los ocho sabbats.

Alejandrina

La tradición alejandrina sigue el trabajo de Alex Sanders, quien fue iniciado como hechicero a comienzos de los años sesenta. También fue un mago ceremonial, lo cual influyó en algunas de las prácticas de la tradición. La tradición alejandrina tiene mucho en común con la tradición gardneriana. Los alejandrinos observan los ocho sabbats, tienen una jerarquía de tres grados, y adoran vestidos o desnudos. El alejandrinismo también es una tradición guardada bajo juramento, con linaje e iniciatoria.

Feri

La tradición feri fue establecida por Victor y Cora Anderson a comienzos de la década de los setenta. Los Anderson tuvieron experiencias con una amplia variedad de prácticas paganas, y las mezclaron en la nueva tradición. Entre otras cosas, feri tiene raíces en la magia apalache. Feri es una tradición iniciatoria, pero hay sólo un grado. Parte de su material es guardado bajo juramento. Sus miembros trabajan en congregaciones e individualmente, y observan los ocho sabbats.

1734

1734 es una tradición sacada de una serie de cartas escritas por Robert Cochrane, quien fue magister del clan de Tubal Cain en el Reino Unido. Cochrane tenía un amplio conocimiento de las prácticas populares de Gran Bretaña, de las cuales comunicó algunas en las cartas, que fueron parte de una serie de correspondencias desde los años sesenta entre Cochrane y un norteamericano llamado Joseph Wilson. Sin embargo, no detallan una tradición completa, así que los practicantes de 1734 han llenado los vacíos con prácticas de otras tradiciones wicca. No hay linaje, libro de las sombras o iniciación. 1734 no se refiere a un año; es, en las palabras de Cochrane, un número que "significaba algo para un hechicero".

Céltica y/o reconstruccionista céltica

La wicca reconstruccionista céltica es la que se enfoca en deidades y prácticas principalmente de Irlanda, Escocia y los otros países célticos. Debido a que se ha perdido la mayoría de prácticas célticas paganas, los wiccas célticos investigan la historia y literatura de los países célticos para tratar de recrear algunas de estas prácticas e incorporarlas a la wicca. La wicca céltica es más a menudo un camino ecléctico, aunque están siendo creadas nuevas tradiciones wicca célticas. Un tema común entre los reconstruccionistas célticos es que trabajan con los "tres reinos" —cielo, tierra y mar—, en lugar de los cuatro elementos. La mayoría de ellos observa los cuatro sabbats principales —Samhain, Imbolc, Beltane y Lammas—, pero no hay estructura central, linaje o material guardado bajo juramento. También hay reconstruccionistas griegos y nórdicos que buscan hacer algo similar, excepto en la estructura de esas culturas.

Minoica

La tradición minoica fue creada en 1977 y está basada en las antiguas civilizaciones del Mediterráneo, especialmente las de Creta. Tiene tres ramas separadas: la hermandad minoica para mujeres, la hermandad minoica para hombres, y el culto de Rea para ambos. Es una tradición guardada bajo juramento e iniciatoria con influencias gardnerianas.

Wicca seax

La wicca seax fue creada por Raymond Buckland en 1974. A Buckland se le reconoce el mérito de traer la wicca gardneriana a los Estados Unidos, pero la wicca seax no está relacionada con el gardnerianismo. La wicca seax se basa en muchas fuentes, siendo centrales las tradiciones sajona y nórdica. Sus principales deidades son Woden y Freya, con Woden presidiendo la mitad oscura del año, de Samhain a Beltane, y Freya la mitad clara, de Beltane a Samhain. Las congregaciones seax son autónomas y democráticas, y su material no es guardado bajo juramento. Esta wicca reconoce la autoiniciación, donde el aprendiz se declara wicca, en lugar de ser "hecho" wicca por alguien más.

Asatru

Asatru no es wicca en el sentido más estricto, pero las dos prácticas se traslapan en varios lugares y asatru se ha vuelto popular, por eso la incluyo aquí. Asatru es una tradición basada en las eddas nórdicas y otras fuentes. Fue establecida en los Estados Unidos en 1973, pero sus raíces están en

Islandia. Sus sacerdotes son llamados gothi y sus sacerdotisas gythia. Los practicantes de asatru trabajan con los dioses nórdicos. No necesariamente observan los ocho sabbats, aunque muchos de ellos ponen atención a Yule y Ostara. Algunos también observan una fiesta llamada *Winternights* (Noches de invierno), que ocurre en el otoño. Asatru no es una tradición guardada bajo juramento.

Iglesia de todos los mundos —Church of All Worlds (CAW)—

La iglesia de todos los mundos es una de las iglesias neopaganas completamente incorporadas. Fue creada en 1962 por un grupo de amigos que fueron inspirados por la novela de Robert Heinlein *Stranger in a Strange Land.* El ritual central que practican los grupos CAW es llamado "water sharing" (compartir agua). Este ritual reconoce lo divino dentro de los que comparten el agua. Muchos grupos son miembros de CAW, pero varían ampliamente en la práctica. Generalmente observan los ocho sabbats.

Congregación de la Diosa —Covenant of the Goddess (COG)—

COG no es en sí una tradición, sino un grupo que fue creado en 1975 para dar a wiccas y paganos protección legal y credenciales ministeriales legítimas. COG está conformado por congregaciones autónomas y wiccas individuales, pero todos los miembros siguen un mismo código de ética.

Nueva orden ortodoxa reformada del Golden Dawn —New Reformed Orthodox Order of the Golden Dawn (NROOGD)—

NROOGD fue creada por un estudiante en la San Francisco State University como parte de un trabajo de clase, pero rápidamente tomó energía propia y se diseminó. Tiene una liturgia central, reconoce un dios y una diosa triple, y sus miembros trabajan desnudos.

Wicca del valle central—Central Valley Wicca (CVW)—

La wicca CVW es en realidad un grupo de tradiciones —incluyendo Kingstone, Silver Crescent, Daoine Coire, Majestic y Assembly of Wicca— que surgieron del área del valle central de California. Hay discusión acerca de cómo la wicca llegó ahí, y así el origen de estas tradiciones, pero algunos practicantes hablan de una mujer del Reino Unido que tal vez se mudó al área en los años sesenta. Kingstone es probablemente la más grande de las tradiciones CVW. Sus prácticas son similares al gardnerianismo en algunos aspectos, y es una tradición iniciatoria y guardada bajo juramento con un libro de las sombras central. Los seguidores de Kingstone observan los ocho sabbats.

Estrella azul

La wicca de la estrella azul fue iniciada en 1975 por Frank Dufner, pero fue diseminada en gran parte por su esposa, Tzipora, y su segundo esposo, Kenny Klein, quienes fueron músicos viajeros. La estrella azul es una tradición jerárquica y guardada bajo juramento con raíces en el alejandrinismo. Observa los ocho sabbats.

Wicca diánica

La wicca diánica surgió del movimiento feminista. En 1976, Zsuzsanna Budapest escribió un libro llamado *The Feminist Book of Lights and Shadows*, que se convirtió en el texto central para la tradición. Desde entonces, el libro ha sido publicado de nuevo como el *Holy Book of Women's Mysteries.* Los wiccas diánicos practican en círculos femeninos y adoran sólo la divinidad femenina.

Recobrando —Reclaiming—

La tradición 'recobrando' tiene un fuerte enfoque ambiental y activista, y busca fusionar la política y la espiritualidad. Se desarrolló del 'Reclaiming Collective', un grupo de feministas que a su vez surgió de clases creadas por Starhawk y Diane Baker en 1978. Starhawk escribió *The Spiral Dance*, uno de los libros más populares sobre la wicca. No hay jerarquía o estructura de creencias en la tradición, pero sus miembros coinciden en observar los "principios de unidad" del grupo. Los grupos son dirigidos por consenso.

Entonces, ¿cuál es mejor, la ecléctica o la tradicional? La respuesta es que los wiccas tienen la fortuna de contar con las dos opciones, y la que le funcione es la mejor para usted. Practiqué como ecléctica durante una década y luego decidí que quería llenar los vacíos en mi conocimiento con entrenamiento formal. Me uní a una tradición y pasé por todos los grados, y ahora enseño esa tradición. Ser una wicca tradicional me ha llevado a algunos lugares en mi vida que de otra manera tal vez nunca habría encontrado, pero no sería la wicca que soy si no hubiera explorado y experimentado primero como ecléctica. Mi congregación es tradicional; mi práctica privada —las cosas personales que hago sin mi congregación— es ecléctica y no tradicional en lo absoluto. Usted podría decir que estoy haciendo trampa, pero no hay reglas que digan que no puedo hacerlo, siempre que no mezcle mis prácticas eclécticas con las tradicionales. Usted también puede hacer lo que quiera, si eso es lo que sirve para su propósito espiritual y lo ayuda a seguir el camino de los dioses.

¿Hay cosas particulares que debería buscar en un maestro?

Cuando busque un maestro, debe hacer la mayoría de preguntas que listé para buscar un grupo, y pida referencias. Hable con otros estudiantes del potencial maestro, si es posible. Pregunte por él o ella en la comunidad, teniendo presente el factor chisme, y ponga su nombre en el buscador de Internet y vea qué aparece. Si el maestro tiene maestros o patriarcas, pregunte si también puede hablar con ellos. Algunos maestros pueden considerarlo ofensivo, pero pregunte de todos modos respetuosamente. Los patriarcas pueden no decirle mucho si la tradición del maestro es guardada bajo juramento, y es probable que el maestro no revele quiénes son sus patriarcas porque eso es guardado bajo juramento, y lo más importante, como al buscar un grupo, dígale al maestro lo que está buscando y cuál es su filosofía para que juntos determinen si es apropiado para usted.

La mayoría de maestros wicca son honestos, éticos y bienintencionados, pero hay personas que se hacen pasar por maestros wicca para aprovecharse de otros, ofreciendo "entrenamiento" por dinero o sexo. No es inaudito pedir dinero para instrucción, así que no deje que eso lo detenga si ha encontrado que le gusta, y no suponga que es un impostor porque pide remuneración. Sin embargo, la cantidad debe ser razonable. Como dije antes, hay muchas tradiciones que prohíben recibir dinero por enseñar. El maestro obtuvo el don de conocimiento de su maestro, y ahora está transmitiendo el conocimiento. En cuanto al sexo, si el maestro insiste, aléjese y no mire hacia atrás. Como ya he establecido, hay tradiciones wicca que incluyen sexo ritual, y los wiccas ven el sexo como sagrado, pero el sexo ritual y el sexo como pago por la instrucción no son la misma cosa. El segundo es poco ético en el mejor de los casos.

¿Soy un verdadero wicca si no tengo un maestro o una tradición?

¿Se requiere un wicca para hacer un wicca? ¿Es usted wicca sólo porque decide que lo es? En otras palabras, ¿tiene que encontrar un maestro y hacer entrenamiento formal para convertirse en wicca, o simplemente tiene que estudiar y dedicarse al camino? Si desea iniciar una pelea en una gran reunión wicca, abrir un debate acerca de estas preguntas sería una buena forma de hacerlo. Algunos wiccas creen que no se es un verdadero wicca a menos que haya sido entrenado. Algunos wiccas preferirían comer trozos de vidrio que aceptar la idea de instrucción de alguien más o practicar el enfoque de otra persona. Y unos posibles wiccas quieren entrenamiento, pero no lo encuentran en el área en que viven. ¿No deberían llamarse wiccas sólo porque no encuentran a alguien que les enseñe?

Si lee la lista de tradiciones, observará que varias de ellas son iniciatorias, por ejemplo la gardneriana, alejandrina y feri. Eso significa que no puede declarar que es gardneriano, alejandrino o feri a menos que haya sido "ingresado" por un miembro legítimo de esa tradición. (A propósito, afirmar ser iniciado en una tradición sin serlo, es muy irrespetuoso y una mala etiqueta wicca, además de una mentira). Sin embargo, eso no necesariamente significa que no puede ser un wicca legítimo sin iniciación. Y definitivamente puede ser un hechicero sin iniciación. Puede unirse a varias de las tradiciones o grupos de la lista sin ser iniciado, y también practicar individualmente. Hay muchos wiccas y hechiceros autoidentificados practicando felizmente sin el beneficio de ser considerados wicca por alguien más.

Sin embargo, debería saber que algunos wiccas no lo consideran wicca a menos que haya tenido una ceremonia de iniciación de algún tipo. Esto no se debe a que sean esnobs elitistas y exclusivistas —el grupo del country club de la comunidad wicca—. Hay razones legítimas para la creencia de que necesita iniciación. Primero, algunos creen que es imposible enseñarse a sí mismo un sistema religioso completo y coherente. Como dije antes, si no ha sido instruido o no está trabajando en una estructura específica, podría omitir algo porque no es consciente de lo que no sabe. Otra razón por la que algunos wiccas creen que debe ser iniciado es que ven la wicca como una tradición de misterios. Las tradiciones de misterios son diseñadas para ayudarle a tener una serie de experiencias y revelaciones en un determinado orden. Esto no es algo que pueda hacer por sí mismo. Mi tradición es una tradición de misterios, y puedo decirle que no hay forma que mi experiencia de iniciación me hubiera revelado las cosas que me reveló si lo hubiera hecho sola. (En realidad, es imposible hacerlo solo, pero a favor de la discusión digamos que pude haberlo hecho). Dicho eso, creo que si realmente trabaja el sistema wicca, tendrá sus propias revelaciones y experiencias de los misterios con el tiempo.

También hay wiccas que creen que la palabra wicca debería aplicarse sólo a hechiceros que pertenecen a tradiciones que han descendido de Gerald Gardner porque él popularizó el término, y para él se refería a las enseñanzas que recibió a diferencia de la hechicería en general. Quienes sostienen esta creencia usualmente piensan que los no "relacionados" con Gardner deberían usar el término hechicero en lugar de wicca. En los Estados Unidos, las tradiciones derivadas de Gardner son llamadas "hechicería tradicional británica", aunque esa frase significa otra cosa en el Reino Unido. Otros creen que la pasta dentífrica está fuera del tubo, por decirlo así, y la palabra ya no es asociada solamente con la hechicería tradicional británica, y de este modo el hechicero que quiera puede llamarse wicca.

Como puede ver, la cuestión de "lo que hace a un wicca" es compleja. Entonces, la pregunta es si cree que puede ser wicca sin iniciación, si cree que el término se aplica a usted (después de todo, "hechicero" también es una palabra perfectamente buena), y si le importan las opiniones de los otros wiccas.

La wicca es muchas cosas, pero por encima de todo es un camino de poder personal. Entonces, es razonable que se declare wicca o cree su propia ceremonia de autoiniciación. Esta puede ser un ritual personal que haga solo, o hecho con amigos o su congregación. Hay ideas para autoiniciaciones en muchos libros de wicca y en Internet, y puede usarlas o ingeniar algo que sea sólo suyo. Uno puede sostener que un ritual ideado por usted —un ritual que realmente llegue al corazón de su deseo de ser un wicca o hechicero— es tan poderoso y transformador como cualquier ritual que alguien más le brinde, o tal vez más.

Algunos wiccas prefieren hacer un ritual de dedicación en lugar de una autoiniciación. Esto los ubica en su nuevo camino sin tener que lidiar con el problema de la "iniciación válida". Nadie puede cuestionar su dedicación si la hace de manera sincera y crea un compromiso. Después de todo, cuando quita todos los adornos, opiniones de otros, reglas y tradiciones, la wicca es sólo usted y los dioses, y una dedicación es una promesa a sí mismo y a ellos.

Si hace una autoiniciación o dedicación, los dioses y su subconsciente lo tomarán seriamente y empezarán a hacerlo realidad, así que actúe con respeto. No se detenga con una iniciación o dedicación —es un comienzo, no un final—. Estudie, trabaje el camino y continúe aprendiendo. No se convierta en prodigio de un solo libro, un wicca pasajero o un *fluff bunny*. Ya sea que se autoinicie o alguien lo haga por usted, está diciendo a los dioses y —aun más importante— a sí mismo, "aquí estoy; conoceré los dioses; descubriré los misterios; trabajaré activa y espiritualmente para desarrollarme como persona". Está empezando a encontrar y hacer su verdadera voluntad. Es tan simple y complejo como eso, y que así sea.

LECTURAS ADICIONALES

Nota: las ediciones listadas a continuación no son necesariamente las más antiguas o las más recientes; son las que se encuentran en mi estante para libros. Puede haber otras ediciones disponibles. Algunas de ellas también pueden estar agotadas. Busque ejemplares en su librería local de libros usados o en fuentes en Internet (tales como Abe Books). Para ediciones británicas difíciles de encontrar en los Estados Unidos, use Amazon.com.uk.

Libros de wicca básica y paganismo

Adler, Margot. *Drawing Down the Moon*. Boston: Beacon Press, 1979.

Buckland, Raymond. *Buckland's Complete Book of Witchcraft*. St. Paul, MN: Llewellyn Publications, 1993.

Coyle, T. Thorn. *Evolutionary Witchcraft*. New York: Penguin, 2004.

Crowley, Vivianne. *Way of Wicca*. London: Thorsons, 1997.

———. *Wicca*. London: Thorsons, 1996.

Crowther, Patricia. *Lid off the Cauldron*. Somerset, England: Capall Bann, 1998.

Cunningham, Scott. *Living Wicca: A Further Guide for the Solitary Practitioner*. St. Paul, MN: Llewellyn Publications, 1997.

———. *Wicca: A Guide for the Solitary Practitioner*. St. Paul, MN: Llewellyn Publications, 1989.

Farrar, Janet y Stewart. *Eight Sabbats for Witches*. Custer, WA: Phoenix Publishing, 1981.

———. *A Witches' Bible: The Complete Witches' Handbook*. Custer, WA: Phoenix Publishing, 1981.

Fitch, Ed. *A Grimoire of Shadows*. St. Paul, MN: Llewellyn Publications, 2001.

Gardner, Gerald B. *The Meaning of Witchcraft*. Lake Toxaway, NC: Mercury Press, 1999.

———. *Witchcraft Today*. Lake Toxaway, NC: Mercury Press, 1999.

K., Amber. *Covencraft: Witchcraft for Three or More*. St. Paul, MN: Llewellyn Publications, 1998.

Martello, Dr. Leo Louis. *Witchcraft: The Old Religion*. Secaucus, NJ: Citadel Press, 1974.

Starhawk. *The Spiral Dance*. San Francisco: Harper & Row, 1979.

Valiente, Doreen. *An ABC of Witchcraft*. Custer, WA: Phoenix Publishing, 1973.

———. *Natural Magic*. Custer, WA: Phoenix Publishing, 1975.

———. *The Rebirth of Witchcraft*. Custer, WA: Phoenix Publishing, 1989.

———. *Witchcraft for Tomorrow*. Custer, WA: Phoenix Publishing, 1978.

Zimmerman, Denise, y Katherine A. Gleason. *The Complete Idiot's Guide to Wicca and Witchcraft*. Indianapolis, IN: Alpha Books, 2000.

Temas relacionados con la wicca

Animales familiares

Andrews, Ted. *Animal Speak*. St. Paul, MN: Llewellyn Publications, 1993.

Smith, Penelope. *Animal Talk: Interspecies Telepathic Communication*. Hillsboro, OR: Beyond Words Publishing, 1999.

Folklore

Evans-Wentz, W. Y. *The Fairy Faith in Celtic Countries*. New York: Citadel Press, 1990.

Frazer, Sir James. *The Golden Bough*. 1922. Reprint, London: Penguin Books, 1996.

Graves, Robert. *The White Goddess*. New York: Farrar, Strauss, and Giroux, 1975.

McNeill, Marian F. *The Silver Bough, Volumes 1–4*. Glasgow: Beith Printing Co., 1990.

La Diosa y el Dios

Baring, Anne, y Jules Cashford. *The Myth of the Goddess: Evolution of an Image*. London: Penguin, 1991.

Farrar, Janet y Stewart. *The Witches' Goddess*. Custer, WA: Phoenix Publishing, 1987.

Fitch, Eric L. *In Search of Herne the Hunter*. Somerset, England: Capall Bann, 1994.

Jackson, Nigel Aldcroft. *Call of the Horned Piper*. Somerset, England: Capall Bann, 1994.

———. *Masks of Misrule*. Somerset, England: Capall Bann, 1996.

Monaghan, Patricia. *The Book of Goddesses and Heroines.* St. Paul, MN: Llewellyn Publications, 1990.

———. *The Goddess Companion: Daily Meditations on the Feminine Spirit*. St. Paul, MN: Llewellyn Publications, 1999.

———. *The Goddess Path: Myths, Invocations, and Rituals.* St. Paul, MN: Llewellyn Publications, 1999.

Neumann, Erich. *The Great Mother: An Analysis of the Archetype*. Princeton, NJ: Princeton University Press, 1983.

Hierbas, incienso y aceites

Beyerl, Paul. *A Compendium of Herbal Magick*. Custer, WA: Phoenix Publishing, 1998.

Cech, Richo. *Making Plant Medicine*. Williams, OR: Horizon Herbs, LLC, 2000.

Culpeper, Nicholas. *Culpeper's Complete Herbal*. Avon: The Bath Press, 1998. Note: Hay muchas versiones impresas de *Culpeper's Herbal*, incluyendo otras más completas que ésta edición.

Cunningham, Scott. *Cunningham's Encyclopedia of Magical Herbs*. St. Paul, MN: Llewellyn Publications, 1985.

———. *Magical Herbalism*. St. Paul, MN: Llewellyn Publications, 1991.

———. *The Magic of Incense, Oils, and Brews*. St. Paul, MN: Llewellyn Publications, 1988.

Griffin, Judy. *Mother Nature's Herbal*. St. Paul, MN: Llewellyn Publications, 1997.

Williams, Jude. *Jude's Herbal Home Remedies*. Llewellyn Publications, 1992.

Wylundt. *Wylundt's Book of Incense*. York Beach, ME: Weiser Books, 1996.

Historia del paganismo, la hechicería y la wicca

Baroja, Julio Caro. *The World of the Witches*. London: Phoenix Press, 2001.

Guiley, Rosemary Ellen. *The Encyclopedia of Witches and Witchcraft*. New York: Facts on File, 1989.

Ginzburg, Carlo. *Ecstasies: Deciphering the Witches' Sabbath*. New York: Penguin, 1991.

———. *The Night Battles*. Baltimore: Johns Hopkins University Press, 1992.

Heselton, Philip. *Gerald Gardner and the Cauldron of Inspiration*. Somerset, England: Capall Bann, 2003.

———. *Wiccan Roots: Gerald Gardner and the Modern Witchcraft Revival.* Somerset, England: Capall Bann, 2000.

Hole, Christina. *Witchcraft in England.* New York: Charles Scribner's Sons, 1947.

Hutton, Ronald. *The Triumph of the Moon: A History of Modern Pagan Witchcraft.* London: Oxford University Press, 1999.

Jones, Prudence, and Nigel Pennick. *A History of Pagan Europe.* London: Routledge, 1995.

Murray, Margaret. *The God of the Witches.* London: Oxford University Press, 1952.

———. *The Witch-Cult in Western Europe.* London: Oxford University Press, 1922.

Ross, Anne. *Pagan Celtic Britain.* Chicago: Academy Chicago Publishers, 1967.

Magia y correspondencias

Bills, Rex. *The Rulership Book.* Tempe, AZ: American Federation of Astrologers, 1971.

Bonewits, Isaac. *Real Magic.* York Beach, ME: Samuel Weiser, 1989.

Crowley, Aleister. *Magick in Theory and Practice.* New York: Magickal Childe Publishing, 1990.

Daniels, Estelle. *Astrologickal Magick*. York Beach, ME: Samuel Weiser, 1995.

Duquette, Lon Milo. *The Chicken Qabalah of Rabbi Lamed Ben Clifford*. York Beach, ME: Samuel Weiser, 2001.

———. *The Magick of Aleister Crowley: A Handbook of the Rituals of Thelema*. York Beach, ME: Samuel Weiser, 2003.

Kraig, Donald Michael. *Modern Magick*. St. Paul, MN: Llewellyn Publications, 1993.

Simms, Maria Kay. *A Time for Magick*. St. Paul, MN: Llewellyn Publications, 2001.

Tradiciones de misterios

Kerenyi, Carl. *Eleusis: Archetypal Image of Mother and Daughter*. Princeton, NJ: Princeton University Press, 1967.

Meyer, Marvin W. *The Ancient Mysteries: A Sourcebook of Sacred Texts*. Philadelphia: University of Pennsylvania Press, 1987.

Stewart, R. J. *The Underworld Initiation*. Chapel Hill, NC: Mercury Publishing, 1990.

Mitología

Campbell, Joseph. *The Hero with a Thousand Faces*. Princeton, NJ: Princeton University Press, 1968.

———. *The Mythic Image*. Princeton, NJ: Princeton University Press, 1974.

———. *Myths to Live By*. New York: Penguin, 1972.

———. *The Power of Myth*. DVD. Apostrophe S Productions, 1988. Distribución más reciente por Mystic Fire Video.

———. *The Power of Myth*. New York: Doubleday, 1988.

———. *Transformation of Myth Through Time*. New York: Harper & Row, 1990.

Chamanismo

Eliade, Mircea. *Shamanism: Archaic Techniques of Ecstasy*. Princeton, NJ: University of Princeton Press, 1964.

Johnson, Kenneth. *North Star Road*. St. Paul, MN: Llewellyn Publications, 1996.

Kalweit, Holger. *Dreamtime and Inner Space: The World of the Shaman*. Boston: Shambhala, 1984.

Matthews, Caitlin. *Singing the Soul Back Home: Shamanism in Daily Life*. Shaftsbury, Dorset, England: Element Books, 1995.

Piedras y cristales

Cunningham, Scott. *Cunningham's Encyclopedia of Crystal, Gem, and Metal Magic*. St. Paul, MN: Llewellyn Publications, 1993.

Melody. *Love Is in the Earth: A Kaleidoscope of Crystals.* Wheat Ridge, CO: Earth-Love Publishing House, 1995.

Inconsciente, consciente y temas psíquicos

Glass, Justine. *Witchcraft: The Sixth Sense.* North Hollywood, CA: Wilshire Book Co., 1965.

Hillman, James. *The Dream and the Underworld.* New York: Harper & Row, 1979.

Roth, Gabrielle. *Sweat Your Prayers.* New York: J. P. Tarcher/Putnam, 1997.

Swann, Ingo. *Everybody's Guide to Natural ESP.* Los Angeles: Jeremy P. Tarcher, Inc., 1991.

ÍNDICE

Correspondencia a la autora

Para contactar o escribir a la autora, o para mayor información sobre este libro, envíe su correspondencia a Llewellyn Español para serle remitida a la misma. La casa editorial y la autora agradecen su interés y sus comentarios sobre la lectura de este libro y sus beneficios obtenidos. Llewellyn Español no garantiza que todas las cartas enviadas serán contestadas, pero le asegura que serán remitidas a la autora.

Thea Sabin
℅ Llewellyn Worldwide
2143 Wooddale Drive, Dept. 0-7387-0996-4
Woodbury, MN 55125-2989 U.S.A.

Incluya un sobre estampillado con su dirección y $US 1.00 para cubrir costos de correo. Fuera de los Estados Unidos incluya el cupón de correo internacional.

Muchos autores de Llewellyn poseen páginas en Internet con información adicional. Para mayor información, visite nuestra página:

http://www.llewellynespanol.com.

Richard Webster

ÁNGELES GUARDIANES Y GUÍAS ESPIRITUALES

Por medio de fáciles ejercicios podrá comunicarse con su Ángel guardián y sus guías espirituales. Aprenda a reconocer los sueños que le traen mensajes del mundo espiritual.

5$\frac{3}{16}$" x 8" • 336 págs.

1-56718-786-2

LLEWELLYN ESPAÑOL

Mario Jiménez Castillo
& Martha Graniello Russo

MAGIA DE LAS FRUTAS Y VEGETALES

SALUD, COCINA Y BELLESA

Esta obra es una fascinate colección de métodos capaces de producir la magia en las frutas y vegetales. Ésta es una compilación de ritos, recetas tradicionales y conocimientos modernos que le ayudarán a embellecer su salud física, emocional y espiritual.

5" x 9" • 264 págs.

0-7387-0747-3

Denning & Phillips

GUÍA PRÁCTICA A LA VISUALIZACIÓN CREATIVA

Transmita y reciba pensamientos a distancia, ayude a mascotas perdidas a encontrar su camino de regreso a casa. Comuníquese con mascotas fallecidas. Esta obra presenta casos reales sobre las capacidades psíquicas de las mascotas

5³⁄₁₆" x 8" • 240 págs.

0-7387-0305-2

... LECTURAS PARA LA MENTE Y EL ESPÍRITU

¿Qué le gustaría leer?

Llewellyn Español desea saber qué clase de lecturas está buscando y le es difícil encontrar. ¿Qué le gustaría leer? ¿Qué temas de la Nueva Era deberían tratarse? Si tiene ideas, comentarios o sugerencias, puede escribir a la siguiente dirección:

EvaP@llewellyn.com
Llewellyn Español
Attn: Eva Palma, Editora de Adquisiciones
2143 Wooddale Drive
Woodbury, MN 55125-2989 U.S.A.
1-800-THE MOON
(1-800-843-6666)